꿈을 이루는 힘

BIG SIX
Global Leadership

교육 선진국 미국에서 개발한 빅식스는 창의적 문제해결력을 키워주는 검증된
6단계의 교육방법론입니다. 학습자는 체계적이고 흥미로운 6단계에 맞추어 학습하면서
비판적으로 정보를 수용하고, 창의적으로 정보를 활용하여 스스로 자신감을 갖고
문제를 풀어가는 능력을 갖추게 됩니다.

차 례

빅식스 개발자
마이클 아이젠버그 교수의
인사말

빅식스를 한국에 본격적으로 소개하게 되어 기쁘게 생각합니다. 21세기가 지식기반 사회이며 정보를 찾아내고 적용하고 평가하는 능력을 요구한다는 것은 새로운 이야기가 아닙니다. 문제해결을 위한 정보 활용 능력 또한 더 이상 선택사항이 아닙니다.

빅식스는 6단계의 정보 활용 과정을 통해 문제해결과 의사결정을 해 나가면서, 시대가 요구하는 능력을 체계적으로 익히도록 설계되어 있습니다. 빅식스는 미국을 중심으로 세계 각국에 퍼져 교육 분야에서 다양하게 활용되고 있습니다. 빅식스 교육을 받은 학생들은 학교에서 우수한 학업능력을 보여 줄 뿐만 아니라, 학교 밖에서도 근본적인 힘을 얻었습니다. 본 프로그램이 한국 교육에 새로운 지평을 열어 주리라 여겨집니다.

학습자들이 빅식스적인 접근 방식을 통해, 21세기를 살아가는 근원적인 능력을 키워 나가리라 믿습니다.

빅식스 개발자
마이클 아이젠버그 교수

닥터 빅(Dr. BIG)의 편지

어린이 여러분!

나는 닥터 빅이에요. 어린이 여러분이 궁금하게 생각하는 모든 점을 친절하게 알려 주는 게 내 임무죠. 자, 그럼 여러분에게 빅식스를 소개할게요.

여러분은 빅식스(Big6)라는 말을 처음 들었을 때, 무엇이라고 생각했나요?
아! 그렇게 생각했군요!

빅식스는 중요한(BIG) 여섯(6) 단계를 말해요.

무슨 단계냐고요? 과제나 문제를 해결할 때 밟아가는 여섯 가지 단계예요.

여러분은 학교에서 숙제나 수행평가 과제를 받기도 하고 집에서는 부모님의 심부름을 하거나 친구들과 신나는 놀이를 꾸미기도 하지요? 그럴 때 어떻게 하나요? 과제나 심부름을 금방 알아듣고 선생님이나 부모님 마음에 흡족하게 모든 일을 다 잘 처리하나요? 과제나 심부름을 받자마자 바로 답을 푸나요? 아니면 수행평가 과제가 정확히 무엇인지, 이 과제를 잘 해결하려면 어디서, 혹은 누구의 도움을 받아야 할지 생각해 보고 나서 하나요?

어린이 여러분이나 어른들이나 모두 세상을 살아가면서 온갖 문제나 과제 등을 받고 자기 나름대로 풀어갑니다. 그런데 모든 사람이 다 자기가 받은 문제나 과제를 아주 잘 해결하는 것은 아니에요. 문제를 잘 해결할 수 있는 능력은 타고 나는 것이 아니라 교육과 훈련을 통해서 길러지기 때문이에요.

빅식스는 미국 워싱턴 주립대학교의 마이클 아이젠버그 교수님이 개발한, 정보를 활용한 문제해결 학습법입니다. 어린이 여러분이 학교에서나 집에서 어떤 과제나 문제를 받았을 때 필요한 정보를 비판적으로 찾고 창의적으로 활용해서 아주 우수한 결과물을 내도록 지도하는 6단계 과정이에요.

교재에 나와 있는 다양한 과제를 재미있게 푸는 가운데 이 학습법을 꾸준히 연습하면 여러분은 어떤 과제를 받더라도 여러분 스스로 필요한 모든 정보와 지식을 활용해서 매우 우수하게, 그리고 매우 효과적으로, 또한 매우 창의적으로 문제를 해결하는 능력을 키우게 됩니다. 그러면 여러분은 꿈을 꾸고 그 꿈을 이루어 갈 수 있는 중요한 힘을 얻게 될 거에요.

여러분의 닥터 빅

빅식스 알아보기

차, 그럼 빅식스 6단계가 무엇인지 한번 볼까요?

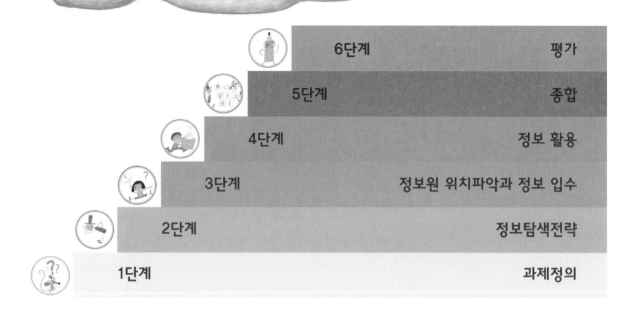

6단계	평가
5단계	종합
4단계	정보 활용
3단계	정보원 위치파악과 정보 입수
2단계	정보탐색전략
1단계	과제정의

어때요? 말은 간단한데 좀 어렵게 보이나요? 사실 알고 보면 쉬운데, 많은 내용을 간단하게 표현하다 보니 좀 어려운 말이 되었어요. 6단계에 대한 설명을 듣고, 빅식스 과제를 체험해 보고 나면 어렵지 않을 거예요.

빅식스를 좀 더 설명해 볼게요.

어린이 여러분은 선생님께 숙제나 수행평가 과제를 받았을 때 제일 먼저 무엇부터 하나요?

바로 책을 펴서 숙제를 시작한다! 친구에게 물어본다! 부모님께 숙제가 무엇인지 봐 달라고 한다! 우선 놀고 본다! 여러분은 어떤 쪽이세요?

아, 그렇군요!

빅식스는 위에서 본 대로 6단계로 이루어져 있어요. 그런데 속을 들여다보면 단계마다 작은 두 과정이 들어 있어요. 여러분, 가을에 밤껍질을 까보면 그 속에 작은 밤톨 두 개가 한데 붙어 있는 것을 본 적이 있나요? 그것처럼 빅식스 각 단계도 그 속에 작은 두 과정이 들어 있어요.

1. 빅식스는, 첫째로 자기가 해결해야 할 과제나 문제가 무엇인지 아는 것부터 시작해요. 이것을 **과제정의(Task Definition)**라고 해요. (과제란 처리하거나 해결해야 할 문제를 말해요)

1단계
과제 정의
Task Definition

1.1.	과제가 무엇인가요?
1.2.	과제를 해결하려면 무엇을 알아야 할까요?

해결할 과제는 무엇이고, 과제를 해결하려면 무엇을 알아야 하나요?

2. 과제를 알았으면 그 다음에 무엇을 해야 할까요? 과제를 해결하기 위해 필요한 정보원을 찾아보는 것이에요. 정보원이란 수많은 정보가 한데 모여 있는 곳을 말해요. 인터넷, 도서관, 책, 사람, 기관 등을 말해요. 이 단계를 **정보탐색전략(Information Seeking Strategies)**이라고 해요.

2단계
정보탐색전략
Information Seeking Strategies

2.1.	모든 가능한 정보원을 찾아봅니다.
2.2.	가장 좋은 정보원을 선택합니다.

과제를 해결하는데 필요한 모든 정보원을 찾아보고 가장 좋은 정보원을 선택해요.

3. 그 다음에는 선택한 정보원이 어디에 있는지 알아보는 거예요. 이것을 **정보원 위치파악과 정보 입수(Location and Access)**라고 해요.

3단계
정보원 위치파악과 정보 입수
Location and Access

3.1.	정보원은 어디에 있을까요?
3.2.	정보원에서 정보를 찾아봅니다.

선택한 정보원에 가서 필요한 정보를 찾아보아요.

4. 다음에는 그렇게 찾아낸 정보를 읽고 보고 듣는 거예요. 이것을 **정보 활용(Use of Information)**이라고 해요.

4단계
정보 활용
Use of Information

4.1.	찾아낸 정보를 검토합니다(읽기, 보기, 듣기)
4.2.	적절한 정보를 가려냅니다.

찾아 낸 정보를 검토하고 적절한 정보를 가려내요.

5. 다음에는 가려낸 정보를 정리하여 결과물을 완성하는 거예요. 이것을 **종합
(Synthesis)**이라고 해요.

**5단계
종합
Synthesis**

5.1.	가려낸 정보를 정리합니다.
5.2.	결과물을 완성합니다.

가려낸 정보로 과제의 결과물을 완성해요.

6. 다음에는 완성된 결과물과 문제해결과정을 돌아보아요. 처음 받은 과제에
맞게 제대로 했는지, 시간이나 자원을 잘 활용했는지, 잘못한 점은 무엇인
지 평가하는 것이에요. 왜요? 다음번 과제를 더 잘하기 위해서예요. 누가
평가하느냐고요? 어린이 여러분 자신이 해요. 아, 그럼 '나는 다 100점 주
어야지!!' 하는 생각이 들지요. 그런데 실제로 해 보면 그렇게 될까요? 이
단계를 **평가(Evaluation)**라고 해요.

**6단계
평가
Evaluation**

6.1.	결과물을 되돌아봅니다.
6.2.	해결 과정을 되돌아봅니다.

결과물과 해결 과정을 되돌아보아요.

빅식스 미로 찾기

자, 여러분이 빅식스 6단계를 얼마나 기억하는지 확인해 볼까요? 각 단계의 아이콘과 단계 이름을 잘 기억해 두세요. 1단계부터 6단계까지 순서대로 아이콘을 따라 가면 여러분을 환영하는 닥터빅을 만날 거예요. 단계를 잘못 찾아가면 여러분은 길을 잃고 밤새 도깨비와 놀아 주어야 할 거예요.

세계 속의
빅식스

빅식스는 미국 워싱턴 주립대학교*University of Washington*의 마이클 아이젠버그*Michael Eisenberg* 박사가 지식 기반 사회를 이끌어 갈 인재를 양성하기 위해 개발한 정보 활용 교육 프로그램으로, 전 세계에서 그 교육적 효과를 인정받고 있습니다. 미국 교육부는 중·고등학생들에게 과제 해결과 정보 활용 교육에 빅식스 사용을 권장하고 있습니다. 현재 미국의 중·고등학교의 70%가 활용하고 있고, 워싱턴 주립대학교*University of Washington*, 위스콘신 주립대학교*University of Wisconsin*, 덴버 주립대학교*University of Denver* 등 많은 대학 기관이 강좌를 개설하고 있습니다. 프랑스어, 독일어, 스페인어, 중국어, 일본어 등 세계 17개국 언어로 빅식스 이론이 번역·보급되고 있습니다.

 ## 빅식스 체험

빅식스 6단계에 대해서 알아보았으니, 이제 생활에서 만나는 문제를 빅식스 과정으로 풀어 봅시다.

준영이에게 한 가지 문제가 생겼어요!
내일이 엄마 생일이래요. 엄마께 생일 선물을
사 드리고 싶은데, 준영이에게 있는 돈은 5,000원.
어떻게 해야 좋을지 얼른 생각이 나지 않네요.
그냥 문구점에 가서 아무거나 살까? 그러면 엄마가
좋아하실까? 여러분은 어떻게 하겠어요?

빅식스 6단계에 맞춰 이 과제를 해결해 봅시다. 과제를 받으면 맨 먼저 무엇부터 시작한다고요?

1단계	과제정의 Task Definition

해결할 과제는 무엇이고, 과제를 해결하려면 무엇을 알아야 하나요?

준영이가 해결할 과제는 무엇인가요?

·······▶
- 엄마의 생일 선물 사기
- 5,000원으로 내일까지
- 엄마가 갖고 싶어 하시는 선물 사기

과제를 해결하려면 무엇을 알아야 할까요?

·······▶
- 엄마가 좋아하시는 것
- 5,000원으로 살 수 있는 것

엄마 선물을 사려고 보니 나에게 있는 돈은 5,000원. 이 돈으로 엄마가 좋아하실 만한 걸 사야 하는데······
내일 드려야 하니까 오늘 중에는 사야 해. 엄마는 뭘 갖고 싶으실까? 5,000원으로 살 수 있는 것은?

2단계	정보탐색전략 Information Seeking Strategies

과제를 해결하는데 필요한 모든 정보원을 찾아보고 가장 좋은
정보원을 선택해요.

엄마의 취향을 알 수 있는 방법은 무엇일까요?

·······▶
- 엄마를 잘 아는 사람에게 묻기
- 엄마가 자주 보는 잡지 보기
- 엄마의 단골 가게 찾아가기

상품 가격을 알 수 있는 방법은 무엇일까요?

·······▶
- 인터넷 쇼핑몰 검색하기
- 백화점 둘러보기
- 신문 및 잡지의 광고 살펴보기

어떤 방법이 가장 좋을까요?

········▶ ·엄마를 잘 아는 사람에게 묻기
·인터넷 쇼핑몰 검색하기
·백화점 둘러보기

엄마가 무엇을 좋아하실지는 사람들에게 물어봐야겠고 5,000원짜리 물건을 찾으려면 광고지도 보고 가게들도 돌아다녀야겠네. 아! 인터넷의 상품 정보를 보고 나서 백화점에 가 보면 좋은 것을 고를 수 있을 거야. 바쁘다, 바빠.

3단계 | 정보원 위치파악과 정보 입수 Location and Access
선택한 정보원에 가서 필요한 정보를 찾아보아요.

엄마를 잘 아는 사람 중 오늘 안에 내 질문에 대답할 수 있는
사람은 누구인가요?

········▶ ·아빠, 이모

어떤 방법으로 질문을 하나요?

········▶ ·전화로 질문

인터넷 쇼핑몰에서는 어떻게 검색하나요?

········▶ ·가격 5,000원 이하로 상품 검색해야지

백화점에서는 어떻게 둘러보나요?

········▶ ·충별 상품 구분을 살펴보면서 둘러봐야지

우선 엄마를 잘 아는 사람 중에서 연락할 수 있는 사람은 아빠랑 이모. 전화로 물어봐야지. 인터넷 쇼핑몰에서 5,000원으로 살 수 있는 것을 검색해 보고, 그 후에 백화점의 같은 상품 코너에 나가 봐야지.

4단계	정보 활용 Use of Information

찾아낸 정보를 검토하고 적절한 정보를 가려내요.

계획한 대로 알아볼까요?

········▶ · 아빠, 이모에게 전화 걸어 여쭤 보기

· 인터넷에서 5,000원 이하의 상품 검색하기

· 백화점 방문하기

어떤 내용이 도움이 되었나요?

········▶ · 아빠보다는 엄마의 취향을 잘 아는 이모가 추천해 준 핀

· 인터넷에서 4,900원짜리 예쁜 핀을 발견했지만 오늘 중에 배달 안 됨

· 백화점 1층의 잡화 코너의 물건들

아빠, 이모에게 전화로 여쭤 본 뒤, 인터넷 쇼핑몰을 검색해 보고 백화점도 두루두루 살펴보았어. 아빠보다는 이모가 엄마의 취향을 더 잘 아시는 것 같으니까, 이모가 추천한 핀을 사기로 결정하고……. 인터넷은 오늘 중에 배달이 안 되니, 백화점에서 본 것으로 사야겠다.

5단계	종합 Synthesis

가려낸 정보로 과제의 결과물을 완성해요.

무엇을 살까요?

········▶ · 인터넷에서 찾은 핀과 동일한 핀을 백화점에서 5,000원에 구입

어떻게 드릴까요?

········▶ · 엄마가 좋아하는 분홍색 포장지로 싸고, 친구가 준 빨간 리본으로 장식

인터넷에서 본 4,900원짜리 핀이 백화점에서는 5,000원이네. 이걸로 사야지. 이제 엄마가 좋아하는 분홍색 포장지로 예쁘게 싸서, 친구한테 얻은 빨간 리본으로 장식해야지.

평가

6단계	평가 Evaluation

결과물과 해결 과정을 되돌아 보아요.

엄마가 좋아하는 것으로 골랐나요?

······▶   · 엄마가 기뻐하시는 것으로 보아 성공!!

주어진 시간 안에 선물을 드렸나요?

······▶   · 오늘 중에 예산을 넘기지 않고 살 수 있었고, 과정마다 도움이 되는

정보를 얻었으니 성공!!

내 전 재산을 모아서 사 드린 엄마 선물. 엄마의 얼굴에 웃음이 가득하다.

정해진 시간 내에 많은 것을 뒤져 엄마가 좋아하시는 선물을 제대로 골랐으니 난 멋진 아들!

이제는 빅식스가 무엇인지 좀 알겠어요?
고개를 끄덕이는 친구도 있고, 아는 것 같기도 하고
모르는 것 같기도 한 표정을 짓는 친구도 있군요.
아~! 대충 이런 거구나 하고 생각만 해도 괜찮아요.
이제 흥미 있는 과제를 하나씩 풀어가다 보면 저절로 알게 될 거예요!

이제부터 닥터 빅과 함께 빅식스 모험을 시작해 봅시다!!

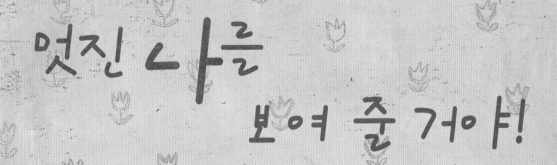

멋진 나를 보여 줄 거야!

한국 어린이들 안녕!

난 삐삐로타 델리카테사 윈도셰이크 맥크렐민트 에프레임 롱스타킹이라고 해.

예전엔 바다의 무법자였지만 지금은 식인종의 왕인 에프레임 롱스타킹 선장의 딸이지.

하지만 다들 그냥 삐삐라고 불러.

그동안 내가 출연한 책, 영화, 드라마가 모두 크게 인기를 끌면서 아주 많은 돈을 벌었어.

이 모든 게 다 너희들이 날 좋아하기 때문 아니겠니? 그래서 매년 세계를 돌며 너희들을

위한 행사를 하고 있단다. 매년 한 명의 친구를 뽑아서 나와 함께 세계 일주를 하는 거야.

정말 멋지지 않니? 올해는 한국에서 행사를 할 거야. 짜잔~

지원 조건은 간단해. 자기만의 특징이 잘 드러난 자기 소개서와 명함을 보내 주면

그중에서 한 명을 뽑을 거야.

참, 아차상도 있어. 아쉽게 떨어진 친구 한 명에게는 내 친구 찰리가 운영하는 초콜릿

공장을 견학할 수 있는 황금 초대장을 줄 거야.

너희들의 많은 참여 기다릴게.

나를 모르는 아이가 있다고? 세상에!! 그럼 인터넷에서 말괄량이

삐삐 혹은 삐삐 롱스타킹을 검색해 봐!

과제 정의

멋진 나를 보여 줄 거야!

삐삐와 함께 세계 일주를 할 수 있는 절호의 기회가 찾아왔어요.
세계 일주만으로도 가슴이 벅찬데 삐삐와 함께라니……. 생각만 해도 가슴이
두근거려요. 그런데 한편 잘할 수 있을까 걱정도 돼요. 작년 새 학기 때 아
이들 앞에서 자기소개를 한 적이 있었어요. 어떻게 해야 할지 몰라 가
만히 서 있다가 친구들에게 놀림을 받았거든요. 하지만 이번에는 자
기 소개서와 명함을 잘 만들어서 꼭 삐삐와 함께 세계 일주를 하고
싶어요.
삐삐가 한눈에 알아볼 수 있는 개성 만점의 자기 소개서와 명함을
만들 거예요.

✎ 나는 삐삐와 함께 세계 일주를 하고 싶어요. 내가 해야 할 일은 무엇인가요? **1.1**

삐삐가 한 말을 잘 읽어 보면 알 수 있어요.

❓ 이 과제를 해결하려면 무엇을 알아야 하나요? **1.2**

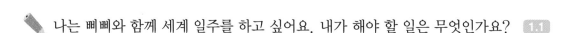

1. 자기 소개서
2.

도움말

소개서(紹介書)	① 어떤 사람인지를 남에게 알려주는 글.
	② 남이 잘 모르는 사실에 대해 대강 알게 하는 글.

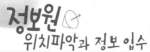

나는 자기 소개서를 쓰고 명함을 만들어야 해요. 명함이란 무엇일까요? 국어사전을 볼까요? `1.2`

> **명함**
>
> ◎ 남에게 알리기 위해 자기의 이름, 일하는 곳, 연락처 따위를 적은 작은 종이.
>
> 예문) 그는 "여기로 연락 주십시오."라고 말하며 명함을 건넨다.
>
> 출처: 연세 한국어 사전, 두산동아, 1998

명함의 모양을 알고 싶어요. 인터넷에서 명함의 모양을 알아봅시다. `3.1` `3.2`

◎ 인터넷에서 '명함'을 찾아본다.

◎ 명함에 대해 무엇을 알게 되었나요?

찾은 것이 별로 없다고요? 명함 샘플, 어린이 명함 만들기 혹은 쥬니어네이버에서 '명함'을 검색해 보세요.

어떤 명함들이 있는지 한번 볼까요?

💡 삐삐에게 나를 소개해야 해요. 나의 어떤 점을 보여 줄까요? 나에 대해 생각나는 대로 생각 그물을 펼쳐 보세요.

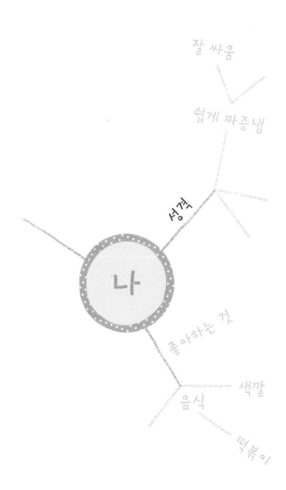

✏️ 위에 쓴 내용 가운데 삐삐에게 알려 주고 싶은 것에 동그라미 해 보세요.

다음 글을 읽고 질문에 답해 보세요.

세상은 이름으로 가득 차 있다 느린거북

열네 살 때 나는 인디언 이름을 받는 의식을 거쳤다. 와시피 왐파노그 족의 어른들은 나에게 '느린거북'이란 이름을 주었다. 그것은 내가 사람들과 대화할 때 반응이 무척 느리고 굼뜨기 때문이리라. 인디언들은 그것을 무척 지혜로운 행동으로 여긴다. 거북은 앞으로 나아가기 전에 항상 목을 빼어 주위를 살핀 다음에 걸음을 옮겨 놓는다.

인디언들은 사람이나 사물의 이름을 정할 때 이런 식이다. 그 사람의 성격, 그 사물이 세상에서 차지하고 있는 위치 등을 기준으로 이름을 정하는 것이다. 따라서 인디언 세계에서는 어떤 사람의 이름을 기억하는 일이 한결 쉽다. 그 사람의 성격과 특징이 곧바로 이름과 연결되기 때문이다. 그것에 비하면 당신들의 이름은 기억하기도 어렵고 별다른 의미도 없다.

인디언에게는 이름이 매우 특별한 의미를 지니고 있다. 그것은 한 개인을 부르는 호칭일 뿐만 아니라 그 사람의 고유한 영혼을 나타내기 때문이다. 인디언 세상은 그러한 이름들로 가득 차 있다.

나는 8명의 자식을 낳았고, 12명의 손자를 보았는데 맨 마지막으로 나온 손자는 '오타쿠웨이'라는 이름을 붙여 주었다. 그것은 우리 인디언 말로 '이젠 끝'이란 뜻이다. 어떤 사람은 비를 싫어하기도 하지만, 비를 유난히도 좋아한 어느 인디언은 '빗속을달려'라는 이름을 갖게 되었고, 그는 늘 비만 오면 소리를 지르며 평원을 내달리곤 했다. 그래서 우리는 천막 안에 앉아서도 그 비명 소리를 듣고 밖에 비가 내리기 시작하는 걸 알 수 있었다.

※ 출처 : 『나는 왜 너가 아니고 나인가』 류시화 옮김, 김영사, 2003.

▶ 인디언들은 어떻게 사람들의 이름을 짓나요?

인디언들은 그 사람의 성격, 그 사물이 세상에서 차지하고 있는 위치 등을 기준으로 이름을 정한다.
따라서 인디언의 이름에는 그 사람의 성격과 특징이 나타난다.

▶ 인디언들이 이름을 짓는 방법처럼 자신의 이름을 지어 보세요.

내가 지은 이름:

예) 행복하게 춤 춰

이유:

예) 춤 추는 걸 제일 좋아해서

▶ 친구들의 특징이 잘 드러나게 인디언식 이름을 지어 봅시다.

이름	인디언식 이름	이유

다음은 한 학생이 새 학기에 선생님과 친구들 앞에서 자기소개할 내용을 미리 정리한 글입니다. 4.1 4.2

안녕하세요? 저는 이번에 O학년 O반이 된 박찬수입니다. 별명은 '마빡이'입니다. 마빡이 흉내를 잘 내기 때문입니다. 저는 작년 10월에 부산에서 전학을 왔습니다. 그래서 아직 친구들이 많지 않은데 친하게 지냈으면 좋겠습니다.

저는 성격이 활달해서 친구들과 어울려 노는 것을 좋아합니다. 부산 친구들과는 주로 'XXX스토리'나 'XX라이더'를 하며 놀았습니다. 게임을 잘해서 친구들이 부러워했습니다. 여러분과도 빨리 친해져서 같이 게임을 했으면 좋겠습니다.

저의 특기는 6살 때부터 배운 피아노입니다. 어릴 때는 피아노를 배우는 게 싫었는데 지금은 피아노 치는 것이 좋습니다. 그래서 앞으로 피아니스트가 되고 싶습니다. 그리고 저의 취미는 종이접기입니다. 종이접기 한 걸 친구나 가족들에게 선물하는 것이 즐겁습니다.

우리 가족은 아빠와 엄마, 6살인 남동생 이렇게 4명입니다. 아빠는 컴퓨터 회사에 다니시는데 일이 많아 자주 늦게 오십니다. 피곤하셔도 주말에는 꼭 우리들과 놀아 주십니다. 엄마는 학원 강사이십니다. 일이 늦게 끝나서 주로 밤에 오십니다. 우리 엄마는 요리를 잘하십니다. 부모님이 바쁘셔서 주로 내가 동생을 보살펴야 합니다. 말썽꾸러기라 어떨 때는 밉지만 나에게 컴퓨터를 양보할 때는 예쁩니다.

앞으로 우리 반 모두와 친해져 즐거운 학교 생활을 하고 싶습니다.

찬수의 자기 소개서에는 어떤 내용들이 들어가 있나요?

예) 이름, 별명

✏️ 자기 소개서에 어떤 내용을 쓸 계획인가요? 생각 그물에서 모은 정보를 떠올리며 계획해 보세요.

예) 이름, 학교, 내가 가장 아끼는 것, 미래 직업 등

🖥️ 자신의 특징이 잘 드러나는 자기 소개서를 써 보세요. (원고지 300자 내외) `5.1`

삐삐에게 보여 줄 명함을 만들어 보세요. 5.2

색연필, 싸인펜, 사진 등 재료를 자유롭게 쓸 수 있습니다.

이름, 학년, 반, 전화번호나 미래 직업 등 명함에 담을 내용을 계획한 후 만들어 보세요.

평가

6.1 결과물을 되돌아봅니다.

🔍 과제를 해결한 과정과 결과를 평가해 봅시다. 6.1

▶ 내가 만든 결과물에 만족하나요?

    네 / 아니오   이유는

▶ 과제를 해결하면서 얻었던 정보를 종합에 잘 활용했나요?

    네 / 아니오   이유는

▶ 빅식스 과정 가운데 가장 어려웠던 단계는 무엇인가요?

    (   )   이유는

▶ 빅식스 과정 가운데 가장 쉬웠던 단계는 무엇인가요?

    (   )   이유는

▶ 앞으로 과제를 해결할 때 더 유의해야 할 점은 무엇인가요?

드디어 첫 권을 마쳤군요!

어땠어요? 쉬웠어요?

할 만했다고요? 문제해결 능력이 있는 어린이군요.

어려웠다고요? 누구나 처음엔 그래요. 하지만 한두 번만 더 해 보면 쉽고

재미있어질 거예요.

여러분은 동화책 『책 먹는 여우』를 읽어 보았어요?

다음에는 『책 먹는 여우』 베스트셀러 만들기 작전을 펼칠 거예요.

여러분이 『책 먹는 여우』를 읽어 오면 다음 과제를 아주 재미있게 할 수

있을 거예요.

『책 먹는 여우』
프란치스카 비어만 글
김경연 옮김, 김영사, 2001

교육 선진국에서 검증된 학습법_영국

영국의 BIG6 *Big6 in London*

통합적 학습능력, 특기적성 등이 강조되면서 교사가 어떻게 가르치는가 보다는 학습자가 어떻게 배우는가가 더 중요해졌습니다. 빅식스는 교사들에게 학생 개인의 학습 능력을 체계적으로 키워 줄 수 있는 길을 열어 주었습니다. 빅식스 활용 수업에 대한 학생들의 높은 호응도 저에게는 큰 힘이 됩니다.

엘리자벳 벤틀리 Elizabeth Bentley Northbrook 중학교 교사

〈책 먹는 여우〉
베스트셀러 만들기 작전

어느 날 옷을 멋있게 차려입은 여우 아저씨가 빅식스 출판사에 찾아왔습니다.

편집장 그렇지 않아도 여우씨를 기다리고 있었습니다. 요즘 바쁘시죠? 아이들
사이에서 인기가 아주 높으시던데요.
이렇게 유명하신 분이 주인공으로 나오는 책을 저희 출판사에서 내게 되어서
매우 기쁩니다.

여우씨 뭐, 제가 주인공이라서 이런 말씀드리는 것은 아니고 책이 정말 재미있습니다.
하하하! 빅식스 출판사에서 광고까지 잘해 준다면 100년을 넘게 장수하는
베스트셀러가 될 것 같아요.

편집장 물론이죠. 여우씨가 주인공이라는 것만으로도 벌써 화제가 되고 있습니다.
그럼 이번 책 광고는 이렇게 만들면 어떨까요?

〈책 먹는 여우〉 베스트셀러 만들기 작전

빅식스 출판사에서 여우 아저씨가 주인공으로 나오는 〈책 먹는 여우〉를
출판하기로 했어요. 여우 아저씨는 자기가 주인공으로 나오는
책이라 많은 친구들이 보면 좋겠다고 해요.
우리는 사람들이 책을 보고 싶다는 마음이 들도록 광고를 해야 해요.
도서관 게시판에 붙일 〈책 먹는 여우〉 광고문을 만들어 봅시다.

내가 해결할 과제는 무엇인가요? 한 문장으로 써 보세요. 1.1

과제를 해결하기 위해 우리가 알아야 할 것을 모두 써 보세요. 1.2

예) 광고문을 작성하는 방법

베스트셀러(best seller)란 무슨 뜻일까요? 국어사전에서 찾아 써 보세요.

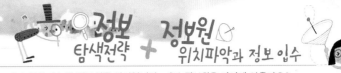

우리는 광고문을 만들어야 해요. 광고에 대한 정보를 어디에서 찾아야 할까요? 2.1 3.1

인터넷, 신문, 국어사전, 백과사전, 사람, 현장 활동, 책

여기에서 찾을 거야

예) 신문

내가 고른 정보원에서 정보를 찾으려면 어떻게 해야 하지?

예) 신문에 실린 광고를 살펴본다.

알고 싶은 정보	내가 찾은 정보
광고란?	
광고는 왜 할까?	
광고문은 어떻게 이루어졌을까?	① 그림이나 사진 ② 헤드카피(표제) : 광고의 제목이나 마찬가지이다. 가장 짧은 말로 정확하게 핵심을 전달해야 한다. 예) 한 번에 쏙 나아요–바로나 감기약! ③ 바디카피(본문) : 헤드라인의 내용을 좀 더 구체적으로 설명해 주는 부분이다. 예) 첫째, 감기에 탁월한 효과가 있습니다. 둘째, 노약자도 안심하고 복용할 수 있습니다.

다음은 여러 책 광고문들입니다.

1

감동이 파도처럼 밀려온다

다름과 같음 얘기란다.
재미있으니까 꼭 사서 읽어 줘!

우린 조금
다를 뿐이죠

값 7,800원

2

어려운 과학 상식을 쉽고 재미있게!

이 책은 우리 가까이에서 일어나는 여러 기상
현상을 쉽고 재미있게 설명하고 있습니다. 또한
풍부한 사진과 그림 자료들은 아이들을 흥미진진한
기상의 세계로 안내할 것입니다.

날씨는 변덕쟁이

최경애 글 · 그림/빅세븐 출판사/값 8,500원

3

100만 명의 식탁을 바꾼 책!

어느 날 맛없던
식탁이 달라졌다면
이 책이 있는지 살펴보세요.
30여 가지의 알찬 요리법이
친절하게 소개되어 있습니다.
이제부터 요리하는
시간이
즐거워집니다.

나는 요리 디자이너

찰스 브라운 지음/ 신동욱 옮김
냠냠 출판사/ 값 10,000원

4

식물과 친구할래?

이 책을 읽으면 누구나 식물 박사가 될 수 있습니다.
풍부한 사진과 친절한 설명이 들어있어서 좋습니다.
다른 출판사에서 나온 식물 책은 진짜 별로입니다.

식물에 대해선
내가 짱!

김태희지음
파래 출판사

▶ 좋은 광고문과 좋지 않은 광고문을 뽑고 그 이유를 써 보세요. 4.1 4.2

내가 뽑은 광고문	번호	이유
좋은 광고문	3	• 책에 대해 흥미롭게 소개하고 있다. • 쉬운 말로 소개하고 있다.
좋지 않은 광고문	1	• 헤드카피(표제), 바디카피(본문) 모두 책에 대해 제대로 알려 주고 있지 않다. • 출판사, 지은이 등을 알려 주고 있지 않다.

▶ 잘 만들어진 책 광고의 조건은 무엇일까요?

예) 책의 특징이 광고 속에 잘 나타나야 해요.

? 책 광고를 만들기 위해서는 책에 대해서 잘 알아야겠죠. 이 책의 주인공인 여우 아저씨와 나는 어떤 점이 비슷하고 어떤 점이 다른가요? 4.2

	여우 아저씨	나
좋은 책을 고르는 방법	코를 킁킁대며 냄새를 맡는다.	예) 여러 사람이 추천한 책을 참고한다.
좋은 책을 찾았을 때 하는 행동		
책 읽을 때 (먹을 때) 필요한 것		
책의 쓰임	지식도 얻고 허기도 채운다.	예) 높은 곳의 물건을 꺼내야 할 때 의자가 없으면 의자 대용으로 사용한다.
가장 좋아하는 곳	도서관	

함께 책을 읽어요

✏ 책 내용을 간단히 소개해 보세요. 4.1 4.2

- -

- -

- -

- -

『책 먹는 여우』
프란치스카 비어만 글,
김경연 옮김, 김영사, 2001.

❓ 가장 기억에 남는 장면은 무엇인가요? (그림을 그려도 좋습니다.)

✏ 다른 사람에게 이 책을 권한다면 어떤 이유를 들며 권할까요?

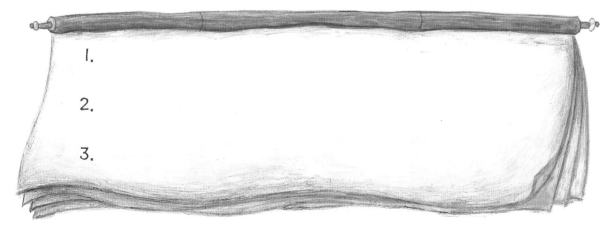

1.

2.

3.

 여우 아저씨는 도서관에서 책을 훔친 것이 들통 나서 감옥에 갇혔습니다. 그런데 감옥 안에서 쓴 책이 유명해지면서 여우 아저씨는 일찍 풀려나게 됩니다. 이 일에 대해서 어떻게 생각하나요? 5.1

여우 아저씨가 감옥에서 일찍 풀려난 일은 옳지 않아.

여우 아저씨가 감옥에서 일찍 풀려난 일은 정당해.

내 생각은

좋은 책을 읽는다는 것은 과거의 가장 훌륭한 사람들과 대화하는 것이다. _데카르트

내가 세계를 알게 된 것은 책을 통해서였다. _사르트르

나는 재산과 명예도 권력도 다 가졌으나, 살면서 가장 행복했던 순간은 독서를 할 때였다. _몽테스키외

💡 '책 먹는 여우' 광고문을 어떻게 만들지 계획해 봅시다. 5.1

〈'책 먹는 여우' 광고문 기획안 〉

계획	구체적인 내용
광고를 누가 가장 많이 봤으면 좋겠어요?	이 광고문을 어디에 붙일 것인지 생각해 보세요.
헤드카피(표제)	예) 해리포터 작가보다 더 재미있게 쓰는 여우씨 이야기
바디카피(본문)	예) 세상에서 책을 제일 좋아하는 여우씨. 책 읽을 때 소금과 후추가 필수래요! 왜요? 책을 보면 알 수 있어요.
책에 대한 정보 가운데 광고문에 어떤 것을 넣을까요?	예) 글쓴이, 옮긴이
광고문에 넣고 싶은 그림은 무엇인가요?	

이제 직접 광고를 만들어 봅시다. 5.2

다음엔 더 잘할 거예요

오늘은 여우 아저씨가 책 광고가 잘 만들어졌는지 보기 위해 출판사에 왔어요.

제 책 광고를 만드느라 다들 수고가 많았습니다. 이번 책 광고에서 가장
잘된 점은 무엇인가요?

100점 만점에 몇 점 주겠어요?

광고 만들면서 가장 어려웠던 점은 무엇이었나요? 왜 어려웠나요?

곧 또 다른 책이 나올 텐데요. 다음에 광고를 만들 때는 어떻게
하면 더 좋아질까요?

교육 선진국에서 검증된 학습법_이스라엘

이스라엘의 BIG6 *The Big6 at Neveh Channah*

저희 학교에서는 빅식스의 적절한 활용을 위해 구성된 빅식스 전담팀이 교육프로그램을 만들고 있습니다. 통합적 학습능력, 창의적인 사고, 학생에 대한 열의, 그리고 교육 프로그램을 향상시키려는 빅식스팀의 끊임없는 노력이 오늘의 성과를 가져왔습니다.

루벤 웨버 *Reuven Werber* Neveh Channah 고등학교 교사

개성아!
돌아와!

나 이제 너희 곁을 떠난다.

너희가 나를 필요로 하지 않는데 내가 뭐하러 여기 있겠니?

그동안 나와 함께해 준 친구들 고마웠어.

날 찾지 마. 안녕~

(그런데 진짜 안 찾을 건 아니지?

있어.

그럼, 진짜 안녕.)

개성으로부터.

과제 정의

1.1 과제가 무엇인가요? 1.2 과제를 해결하려면 무엇을 알아야 할까요?

개성아! 돌아와!

나는 명탐정 박문수입니다. 개성을 찾으면서 동시에 개성에게 돌아오라는 내용의 글을 신문에 실어야 합니다.
저의 유능한 조수인 여러분의 능력이 필요합니다. 여러분에게 신문에 실을 글을 부탁하고 싶군요. 개성이 돌아오도록 설득하려면 글 속에 개성이 필요한 이유가 잘 드러나야 합니다.

🔍 나는 박문수 탐정 사무소의 탐정 조수입니다. 내가 해야 할 일은 무엇인가요? `1.1`

❓ 나는 무엇을 알아야 할까요? `1.2`

✏️ 개성에 대한 단서를 하나하나 찾아가던 중 개성에 관한 기록이 국어사전에 있다는 제보가 들어왔습니다. 어서 찾아봐야겠어요.

개성(個性)은

✏️ 다음은 사람들이 개성과 혼동하기 쉬운 개성의 친구들입니다. 어떻게 다른지 국어사전에서 확인해야겠군요.

기호(嗜好) : 어떤 것을 즐기고 좋아함. (예: 나는 떡볶이를 좋아하는데 친구는 라볶이를 좋아한다.)

유행(流行, fashion) : 어떤 시기에 사회의 일부나 전체에 두루 퍼지는 몸짓, 옷차림, 문화 따위에 대한 취미. (예: 요즘 너희들 사이에 유행하는 놀이가 뭐니? 유행어는?)

? 먼저 개성이 사라진 것을 처음 발견한 이빛나 양과 인터뷰를 해 보았습니다. 개성이 사라진 후 어떤 일이 생긴 것일까요? **1.2**

조수   이빛나 양, 개성이 사라진 것을 언제 처음 알았나요?
이빛나 그날은 우리 반 소풍날이었기 때문에 날짜를 정확하게 기억하고 있어요. 4월 15일이었어요.
조수   그렇군요. 그런데 개성이 사라진 줄 어떻게 알았죠?
이빛나 설레는 마음으로 어린이 대공원에 도착했는데 아이들이 모두 똑같은 모습을 하고 있었어요. 그런데 모습만 똑같은 게 아니라 모두 똑같은 행동을 하는 거예요. 마치 한 명을 28명으로 복제한 것처럼요. 그때 느꼈어요. 뭔가 잘못됐다……. 개성이 사라졌다.
조수   개성이 왜 사라졌을까요?
이빛나 글쎄요. 아마도

▶ 개성이 사라진 후 생긴 변화는 무엇인가요?

▶ 모든 사람이 다 똑같다면 어떨까요?

좋은 점은
예) (같은 행동을 하므로) 싸우지 않을 것이다.

나쁜 점은
예) 모습이 같아서 다른 사람이 나를 찾기가 어려울 것이다.

▶ 개성은 왜 사라진 것일까요? 빈 칸에 들어갈 말을 추측해 써 보세요.

예) 아이들이 연예인을 따라해서

개성을 봤다는 제보 전화가 여러 통 걸려 왔습니다. 과연 진짜 개성일까요? 해당하는 말에 동그라미 하고 이유를 써 보세요. **1.2**

나는 내 개성을 살리기 위해 정말 많은 노력을 기울이고 있어. 물구나무서서 걷는 사람은 아무도 없잖아? 물구나무서서 걷는 걸로 내 개성을 살릴 거야. 그런데 좀 힘들긴 하다.

● 개성이다.　　　　　● 개성이 아니다.

왜냐하면

◎ 생각할 점: 개성이 겉모습만으로 표현되는 것이 아님.

수철이는 수줍음을 많이 타서 친구들 앞에 잘 나서지 못한다. 하지만 친구들의 말을 잘 들어주고 상대방이 편안하게 말을 할 수 있도록 배려할 줄 안다. 그 점이 수철이가 가진 개성이라고 생각한다.

● 개성이다.　　　　　● 개성이 아니다.

왜냐하면

친구들은 옷을 촌스럽게 입는다고 날 놀린다. 사실 난 요즘 어떤 옷이 유행하는지 잘 모른다. 친구들이 입고 다니는 옷이 예쁘다고는 생각하지만 나에게 어울리지 않아 입지 않을 뿐이다. 나에게 어울리는 옷을 입는 게 개성이라고 생각한다.

● 개성이다.　　　　　● 개성이 아니다.

왜냐하면

수희가 요즘 유행하는 '유명해'의 패션을 얼마나 잘 따라하는지 다른 친구들이 정말 멋있다고 부러워해. 수희는 자기 개성이 뚜렷해.

● 개성이다.　　　　　● 개성이 아니다.

왜냐하면

개성의 흔적을 찾아가던 중 드디어 개성이 남긴 쪽지에서 개성을 찾을 수 있는 힌트를 찾아냈어요. 쪽지 속의 힌트가 무엇인지 여러분도 찾아보세요.

> 나 이제 너희 곁을 떠난다. 너희가 나를 필요로 하지 않는데 내가 뭐하러 여기 있겠니? 그동안 나와 함께해 준 친구들 고마웠어. 날 찾지 마. 안녕~ (그런데 진짜 안 찾을 건 아니지? .지않 코수 올아돌 면으찾 을생개 |이서지 |0름하니 그럼, 진짜 안녕.)
>
> 개성으로부터.

나와 친구들은 어떤 개성이 있을까요? 먼저 친구의 개성을 찾아보세요. `4.2`

친구 이름 :	김동희	
떠오르는 낱말	예) 까불까불	
그 낱말을 넣어 친구를 나타낸다면	예) 까불까불 장난을 잘 치는 동희	
내가 생각하는 친구의 개성	**친구의 개성은?** 예) 명랑하고 쾌활한 성격 **이유는?** 예) 안 좋은 일이 있어도 항상 밝게 잘 웃어서	
친구가 생각하는 나의 개성	예) 랩을 잘하는 것.	

친구와 함께 나의 개성도 찾아보세요. 4.2

나		
	친구는?	나는?
나를 색깔에 비유한다면		
친구가 생각하는 나의 개성		
내가 생각하는 나의 개성		

친구들과 나는 서로 개성이 달라요. 서로 다른 개성을 가지고 있을 때 좋은 점은 무엇일까요?

다른 친구들이 나의 개성을 싫어한다면 다음 중 어떤 태도를 취하겠어요?

◎ 바꿔야 한다 – 다른 사람들이 싫어하거나 다른 사람에게 피해를 준다면 바꿔야 한다.
◎ 계속 유지한다 – 피해를 주지 않는 한 나의 고유한 특성은 바꾸면 안 된다.

정보 탐색전략 ✛ 정보 활용

2.1 모든 가능한 정보원을 찾아봅니다.   2.2 가장 좋은 정보원을 선택합니다.   4.2 적절한 정보를 가려냅니다.

이번에는 다른 곳에서 개성 있는 삶을 사는(살았던) 사람들을 찾아보기로 했어요. 직접 만나 보지는 못했지만 세상에 알려진 사람들 가운데 개성 있는 사람을 어디에서 찾을 수 있을까요? **2.1**

예) 위인전, 신문

위 정보원들 가운데서 찾은 사람들을 적어 보세요. **2.2**

예) 세종대왕, 에디슨, 스티브 잡스, 안철수 등

자신이 찾은 사람의 개성을 정리해 보세요. **4.2**

이름	내가 생각한 개성
노홍철 (개그맨)	속사포*처럼 쉴 새 없이 말을 쏟아내는 입담이다. 큰 목소리로 빠르게 계속 말을 하는 일이 다른 사람들에게는 쉽지 않기 때문이다.

* **속사포** 짧은 시간에 많은 탄알을 쏠 수 있는 포.

내 개성을 찾았으니까 개성에게 돌아오라고 설득하는 편지글을 신문에 실을 거예요. 다음의 내용을 넣어 개성이 꼭 돌아오도록 글을 써 주세요. (원고지 300자 내외) 5.2

> 개성이란, 개성이 사라졌을 때 어떤 점이 힘들었는지,
>
> 개성이 왜 필요한지, 나는 지금 어떤 개성을 갖고 있는지.

 평가 🗒️

다음엔 더 잘할 거예요

🔍 과제를 해결한 과정과 결과를 평가해 봅시다.

평 가 내 용					
'개성'이 무엇인지 알았나요?					
필요한 정보를 잘 찾았나요?					
자신의 개성을 잘 찾았나요?					
개성이 돌아오도록 설득하는 글을 잘 썼나요?					
가장 잘했다고 생각하는 점은 무엇인가요?					
가장 어려웠던 점은 무엇인가요?					
그렇다면 다음에는 어떻게 하는 것이 좋을까요?					

여러분, 다음에는 토끼전에 심청이를 등장시키는 과제를 할 거예요.

심청이 이야기는 알고 있을 테니까 『토끼전』을 읽고 나면 다음 과제도 재미

있게 할 수 있을 거예요. 혹시 심청이 이야기를 모른다면, 심청전 책을 보거

나 엄마에게 알려 달라고 하면 되겠지요.

『토끼전』
김기민 글, 이동진 판화, 해와나무, 2004

교육 선진국에서 검증된 학습법_캐나다

캐나다의 BIG6 *The Big6 in Canada*

학습과정에서 학생들의 자기 평가는 큰 의미를 갖습니다. 바른 평가가 우수한 결과물을 낳기 때문입니다. 단답형 또는 짧은 주관식 문제에서 학생들이 비판적으로 자신을 평가할 수 있을까요? 저는 빅식스를 활용하여 학생들이 자신의 능력을 확인하고 성장할 수 있도록 지도하고 있습니다.

짐 스펜서 *Jim Spencer* 학교 교사

토끼와 심청이가 만났을 때

토끼 : 제 간은 낭야산 봉우리에 있는 소나무에 매달아 놓고 왔사옵니다. (뱃속이 허전하다는 듯 배를 쓰다듬는다.)

심청 : (방백)(기가 찬 표정으로 토끼를 유심히 쳐다본다.) 저 토끼는 보통 토끼가 아니군……. 말도 안 되는 말을 저렇게 눈 하나 깜짝하지 않고 당당하게 하다니, 혹시…….

토끼와 심청이가 만났을 때

우리 학교는 매년 창작 연극 축제를 해요. 우리 반은
심청이가 등장하는 새로운 토끼전을 연극으로 만들 거예요.
저는 정말 중요한 일을 하기로 했어요.
바로 극본을 쓰는 거예요.
지금 토끼가 용왕에게 간을 갖고 있지 않다고 말하는 것을
심청이가 들은 이후의 상황을 어떻게 풀어 갈지 고민하고 있답니다. '심청이와 토끼전의
인물들의 관계를 어떻게 짤까? 사건들을 어떻게 전개할까?' 등등 말이에요. 재미도
중요하지만 짜임새 있는 구성도 중요하다는 선생님의 말씀이 생각나네요.

✏ 나는 연극 공연을 위해 무엇을 해야 하나요? **1.1**

- -

❓ 과제를 해결하기 위해 무엇을 알아야 할까요? **1.2**

예) 극본의 뜻과 형식, 토끼전의 내용

- -

✏ 심청이와 토끼전에 나오는 인물들의 성격은 어떠한가요?

인물		성격
용왕		
자라		끈기가 있다.
토끼		
심청		

다음 상황에서 용왕, 자라, 토끼, 심청이는 어떻게 행동할까요? 한 인물만 선택해서 만화로 그려 보세요.

어떤 것이
네 도끼냐?

1

2

3

4

5

도움말

| 극본(劇本) | 연극이나 방송극 등의 대본. |
| 극본의 3요소 | 해설, 대사, 지문. |

💡 극본의 3요소에 대해 더 알고 싶어요. 어떤 정보원을 이용하면 좋을까요? 현재 이용할 수 있고, 내가 이해하기 쉬운 정보원으로 정해 보세요. 2.2

예) 글쓰기 교재, 사전

내가 정한 정보원에서 필요한 정보를 찾아 정리해 보세요.

필요한 정보	내용 정리
해설	극본의 앞부분에 때, 곳, 나오는 사람들, 무대 장치를 설명해 놓은 부분이다. ① 때 : 시간, 계절, 시대적인 배경 ② 곳 : 사건이 전개되는 장소 ③ 나오는 사람들 : ④ 무대 장지 : 무대에 설치하는 여러 가지 장치
대사	연극에 출연하는 사람들이 나누는 대화 ① 대화 : 배우들이 무대 위에서 서로 주고받는 말 ② 독백 : 상대자가 없이 혼자 하는 말 ③ 방백 :
지문	극본에서 ( )안에 있는 말로써 인물의 동작, 행동, 표정, 기분 등을 설명해 주는 글

보기와 같이 토끼전의 글을 극본으로 고치는 연습을 해 봅시다.

〈보통글〉 영희는 작은 목소리로 영호를 불렀다. 그리고 주머니에서 선물을 꺼내 수줍은 듯 영호에게 내밀었다.

〈극본〉 영희 : (자신 없는 목소리로) 영호야!

영호 : (의아한 듯이 영희를 쳐다본다.) 응?

영희 : 저기……. (땅을 쳐다보며, 주머니 속의 무언가를 만지작거린다.)

영호 : 왜 그래?

영희 : (주머니에서 선물을 꺼내 영호에게 수줍게 내민다.) 이거…….

〈보통글〉

토끼는 눈 하나 깜짝하지 않고 대답했다.

"제 밑구멍에 간이 나오는 구멍이 있어 배에다가 힘만 꽉 주면 그 구멍으로 간이 쏘옥 나옵니다. 또 입으로 꿀꺽 삼키면 다시 들어가옵니다."

"정말 간이 나오는 구멍이 있다는 말인가?"

"제 볼기짝에 분명히 구멍이 있어 똥 누고 오줌 누듯이 간도 누고 하옵지요."

용왕이 포졸을 시켜서 간이 나오는 구멍을 찾아보라고 했다.

포졸은 볼기짝에 틀림없이 구멍이 있다고 아뢰었다.

〈극본〉

토끼 : (눈을 동그랗게 뜨고 똑바로 쳐다보며) 제 밑구멍에

4.2 적절한 정보를 가려냅니다.

 토끼가 자신의 간을 빼놓고 왔다는 말로 용왕을 설득한 과정을 정리해 봅시다. 4.2

 용왕

토끼의 간을 먹어야 내 병을 고칠 수 있다.
우리 용궁 최고의 건축물인 기린각 능운대에
너의 이름을 새겨 너의 공을 두고두고
기억하도록 하마. 그러니 조금도 서러워하지
말고 어서 칼을 받거라.

토끼

토끼

 용왕

손도 없는 네가 뱃속에 있는 간을
무엇으로 집어내고 다시 집어 넣고 한단
말이냐? 간이 제멋대로 나왔다 들어갔다
한다는 게냐?

 자라

토끼의 간이 들락날락한다는 이야기는
책에도 나오지 않고, 이치에도 맞지
습니다. 지금 바로 토끼의 배를 갈라
간이 있는지 없는지 살펴보심이
어떠하신지요. 만약 그 안에 간이
없으면 제가 다시 인간 세계에 나가서
다른 토끼를 잡아 오겠습니다.

 토끼

이솝이야기 **'사자와 여우와 사슴'**을 읽고 질문에 답해 보세요.

옛날 어느 동물 마을에 사자와 여우가 사이좋게 살고 있었습니다. 그런데 사자가 병에 걸려 아무것도 먹지 못하고 끙끙 앓아눕게 되었습니다. 이 소식을 들은 여우가 사자의 집에 문병을 왔습니다.

"이보게 여우, 어디 가서 사슴을 하나 꾀어서 데려와 줄 수 없겠나? 사슴의 뇌와 심장을 먹어야만 내가 나을 것 같네."

사자에게 부탁을 받은 여우는 사슴을 찾아가 이렇게 말했습니다.

"사자가 아파서 곧 죽게 되었는데, 글쎄 자네에게 왕위를 물려준다지 뭔가. 나와 함께 사자 굴로 가세."

사슴은 왕이 되고 싶은 마음에 사자 굴로 갔습니다. 배가 몹시 고팠던 사자는 사슴을 보자마자 덤벼들었습니다. 그러다 그만 사슴의 귀만 물어뜯고 말았죠. 사슴은 깜짝 놀라 도망을 쳤습니다. 사자는 여우에게 사슴을 한 번만 더 꾀어 오라고 간곡히 부탁을 했습니다. 어쩔 수 없이 여우는 다시 사슴을 찾아갔습니다. 여우를 본 사슴은 버럭 화를 냈지요.

"여우 이놈! 나를 꾀어서 사자의 밥으로 만들 생각을 하다니, 도저히 용서할 수 없다!"

그러자 여우가 말했습니다.

"오해하지 말게. 사자가 왕위에 대한 비밀을 귓속말로 하려던 것인데, 자네가 겁을 먹고 달아나는 바람에 나만 곤란하게 됐지 뭔가. 빨리 가서 사자에게 자네가 겁쟁이가 아님을 보여 주게나."

사슴은 겁이 났지만 왕위가 너무 탐나 여우를 따라나섰습니다. 결국 사자는 사슴을 잡아먹었습니다. 여우는 죽은 사슴을 실컷 비웃었습니다.

그 이후로 사자와 여우는 배가 고프면 동물을 하나씩 속여서 데려다가 잡아먹었습니다. 그런데 시간이 흐를수록 동물들이 눈치를 채기 시작했죠.

"사자 굴에 들어간 동물들은 많은데 살아 나온 놈이 하나도 없다던데?"

"왕위를 물려준다고 꼬인다는군."

소문은 입에서 입으로 퍼져 숲 속의 모든 동물들이 사자와 여우의 속임수를 알아챘습니다. 그래서 여우가 다가오면 모든 동물들이 이렇게 말했죠.

"아, 나는 왕위에 관심이 없다네."

며칠 째 굶은 사자가 허기진 배를 안고 굴 안에 앉아 있는데 여우가 여느 때처럼 허탕을 치고 힘없이 돌아왔습니다. 순간, 사자는 여우를 덮치며 이렇게 말했습니다.

"이보게 여우, 미안하네. 난 배가 몹시 고프거든."

▶ 각 인물의 특징을 넣어 이야기의 제목을 다시 지어 봅시다.

사자와   여우와

사슴

▶ 이솝이야기와 토끼전의 인물들을 비교해 보세요.

인물	비슷한 점	다른 점
이솝이야기의 '사슴'과 토끼전의 '토끼'	헛된 욕심을 가졌다.	
이솝이야기의 '사자'와 토끼전의 '용왕'		사자는 여우를 이용하고 결국 친구를 잡아먹지만, 용왕은 자라의 공을 인정하고 충신으로 임명한다.

사자의 죄일까? 여우의 죄일까?

여러분이 재판장이라면 사슴을 잡아먹은 사자에게 더 큰 벌을 내릴까요? 거짓말로 사슴을 꾀어 낸 여우에게 더 큰 벌을 내릴까요? 5.1

토끼전의 등장인물이 심청이를 어떻게 생각하는지 정해 봅시다.

용왕

토끼

예) 나의 탈출 계획을 막는 방해꾼이구나.

자라

토끼가 용왕에게 간을 갖고 있지 않다고 말하는 것을 심청이가 들은 이후에 벌어지는 이야기의 줄거리를 상상해서 써 보세요. 5.1

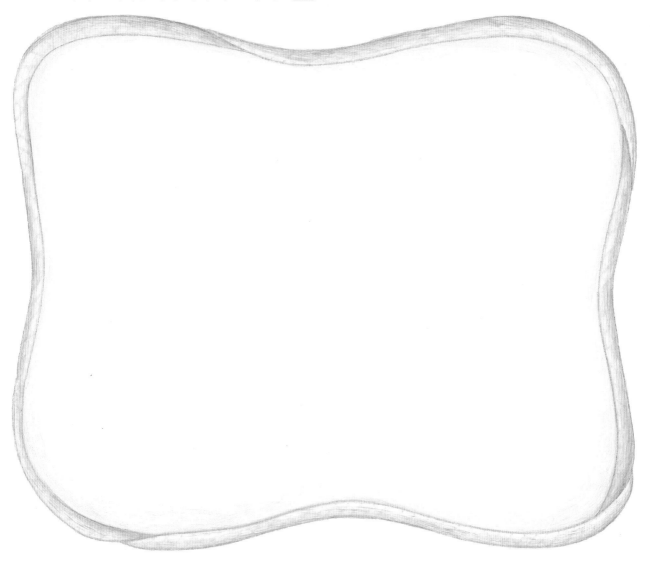

5.2 결과물을 완성합니다.

토끼가 용왕에게 간을 가지고 있지 않다고 말하는 것을 심청이가 듣고 끼어들어 용왕과 토끼와 자라와 함께 이야기하는 장면을 극본으로 써 보세요. (원고지 400자 내외) 5.2

다음엔 더 잘할 거예요

과제를 해결하면서 거친 빅식스의 각 단계에 어떤 활동을 했는지 정리하고 평가해 봅시다.

6.1 6.2

빅식스 단계	어떤 활동을 하였나요?	내가 한 활동을 평가해요.

과제 정의

내가 해결해야 할 과제를 잘 알았다.

정보탐색전략

과제를 해결하는데 적절한 정보원을 찾았다.

정보 활용

정보원에서 필요한 정보를 찾아 정리하였다.

토끼전에 심청이가 등장하는 이야기의 줄거리를
짜임새 있게 구성했다.

종합

극본을 형식에 맞게 잘 썼다.

교육 선진국에서 검증된 학습법_미국

BIG6는 학업능력을 향상시킨다

수천 명의 학생을 분석한 결과, 분석적·창의적·실험적인 활동과 BIG6의 접근 방법을 접목하여 교육을 받은 학생들이 그렇지 않은 학생에 비하여 뛰어난 학업 성취를 보여 주었다.

예일대학교 능력개발 연구소 PACE센터 부원장 자빈 박사 *Linda Javin, Ph. D.*

외계인에게
편지를……

나는 우주를 연구하는 천문학자!
어느 날 외계에서 오는 이상한 소리가 잡혔어요.
혹시 외계에 사는 누군가가
자신을 소개하는 신호는 아닐까요?

외계인에게 편지를......

어딘가에 있을지 모르는 외계 생명체들에게 우리를 찾아올 수
있도록 설명해 주는 전파를 보내고 싶어요.
우선 태양계에 있는 행성들의 특징을 살펴보고, 외계 생명체에게
태양계를 소개하는 글을 써 보세요.

내가 해야 할 과제는 무엇입니까?

과제를 해결하기 위해 내가 알아야 한다고 생각하는 낱말에 동그라미 해 보세요.

토성   우주선   혜성   지구

성운   항성   목성   별자리   망원경   외계인

해왕성   UFO   일식   태양   달   화성

화이트홀   금성   외계생명체   수성   은하수

천왕성   우리은하   블랙홀   우주정거장

행성   안드로메다은하   아리랑1호   명왕성

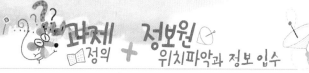

1.2 과제를 해결하려면 무엇을 알아야 할까요? 2.1 모든 가능한 정보원을 찾아봅니다. 2.2 가장 좋은 정보원을 선택합니다.

과제를 해결하려면 아래 단어들에 대해서 알아야 해요. 1.2

예) 외계 생명체, 태양계, 항성

내가 알고 싶은 정보는 어디에서 찾을 수 있을까요? 찾을 수 있는 곳을 모두 써 보세요. 2.1

예) 다큐멘터리, 신문, 천문학자

▶ 가장 접근하기 쉬운 정보원은 무엇입니까?

▶ 가장 믿을 만한 정보원은 무엇입니까?

▶ 가장 최근의 정보원은 무엇입니까?

복수로 쓸 수 있어요.

내가 선택한 정보원은 무엇이고, 선택한 이유는? 2.2

정보원
위치파악과 정보 입수

4.1 찾아낸 정보를 검토합니다(읽기, 보기, 듣기).

위의 정보원에서 아래 단어들을 찾아보세요. 4.1

외계 생명체	인터넷 위키백과	지구에서 생기지 않은, 지구 외의 우주 공간에 사는 생명을 지닌 존재. 다른 명칭으로 사람에 빗댄 외계인 등이 있다.
태양계		
항성	국어사전	스스로 빛을 내며 움직이지 않는 별
행성		

우주상식 ○×퀴즈

1. 북극성은 태양계의 행성 중 하나이다. ☐

2. 태양계의 행성들 가운데 지구에서
   가장 잘 보이는 행성은 금성이다. ○

3. 수성에는 물이 많다. ☐

4. 달은 태양계의 행성이 아니다. ☐

5. 태양계의 다른 행성에는 공기가 없다. ✕

6. 세계 최초로 달에 착륙한 우주선은
   아폴로 11호이다. ☐

7. 1광년은 빛의 속도로 1년 동안 가는 거리이다. ☐

다음 글을 읽고 질문에 답해 보세요. 4.1 4.2

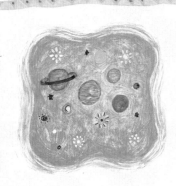

　　1930년 미국의 천문학자가 명왕성을 발견하면서부터 태양계의 행성*은 수성, 금성, 지구, 화성, 목성, 토성, 천왕성, 해왕성, 명왕성의 9개로 알려져 왔습니다. 그러나 명왕성은 그동안 원래의 8개 행성과는 다르게 행성으로서 갖춰야 할 기본 자격을 갖추지 못했다는 천문학계의 지적을 받아 왔지요. 태양계 행성 가운데 수성, 금성, 지구, 화성은 '지구형 행성'이라고 해서 표면이 암석으로 이루어져 있어요. 또한 목성, 토성, 천왕성, 해왕성은 가스층으로 뒤덮인 '목성형 행성'이에요. 이 8개 행성은 태양 주위를 타원 궤도로 돌고 있지요. 그러나 명왕성은 대부분이 얼음으로 이루어져 있어서 '지구형 행성'이나 '목성형 행성'에 포함시키기도 애매할 뿐더러 다른 행성들과 달리 찌그러진 타원 궤도를 돌고 있어요. 또한 크기도 지구의 위성인 달보다 작아서 중력*이 부족해요.

　　결국 2006년 8월 24일, 국제천문연맹(IAU)* 총회를 통해 명왕성은 태양계 행성으로서의 지위를 잃게 되었어요. 만약 명왕성이 계속해서 태양계의 행성이었다면 태양계는 명왕성 이외에 카론, 케레스, 제나도 포함되어 12개가 될 수도 있었어요. 그런데 IAU에 의하면 새로 발견된 또 다른 12개의 천체*가 태양계 행성의 지위를 얻기 위해 대기 중이었다고 합니다. 만약 그랬다면 태양계 행성을 외울 때 많이 힘들었겠죠?

　　이번 총회를 통해 천문학자들은 태양계 행성의 기준을 새롭게 세우게 되었고, 명왕성은 카론, 케레스, 제나를 포함해서 이제 왜행성*으로 불리게 되었습니다.

※ 참고 : 2006. 8. 25. 〈중앙일보〉

* **행성** 항성의 주위를 돌면서 항성의 빛을 반사하는 천체.
* **중력** 어떤 행성 근처에 있는 물체를 행성의 중심 방향으로 끌어당기는 힘. 일반적으로는 지구가 물체를 끌어당기는 힘을 말한다.
* **IAU** 국제천문연맹(International Astronomical Union). 각국 천문학자의 교류를 도모하며, 천문학 각 분야의 연구촉진 등을 목적으로 1919년 7월 벨기에의 브뤼셀에서 미국·영국·소련 등의 참가로 창립하였다. 한국은 1973년 제15차 시드니총회에서 한국천문학회가 회원으로 가입하였다.
* **천체** 우주를 형성하고 있는 항성, 행성, 위성, 달, 혜성, 소행성, 성단, 성운 등을 총칭하는 말.
* **왜행성** 소행성 중에서도 크기가 큰 천체. 카론, 케레스, 제나, 명왕성 등 4개가 인정되고 있음.

　태양계 행성을 모두 써 보세요.

　태양계의 행성들을 둘로 나눈다면 무엇과 무엇으로 나눌 수 있을까요?

| 태양 | 수성 | 금성 | 지구 | 화성 |

✏️ 다음 표에 각 천체의 이름과 특징을 써 보세요. 4.1

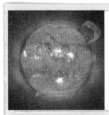

이름 태양
특징 태양은 항성으로 스스로 빛을 낸다. 태양은 커다란 기체 덩어리이며 어마어마한 열을
내어 지구에 있는 모든 생명체들이 살아갈 수 있도록 해 준다. 태양계의 행성들은
태양을 중심으로 궤도를 그리며 돌고 있다.

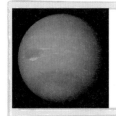

이름
특징

이름 금성
특징 태양과 달을 제외하고 하늘에서 가장 밝게 보이는 별인 금성은 우리나라에서는
샛별이라고 부르기도 한다. 금성은 자전주기가 공전주기보다 길기 때문에 하루의
길이가 일년보다 길다.

이름 지구
특징 지구는 태양계에서 유일하게 생명체가 살고 있는 곳이다. 태양과 적당한 거리로
떨어져 있고 대기가 있어 온도 변화가 비교적 적고, 물이 풍부해서 생명체가
살아가기에 아주 좋은 환경적 조건을 가지고 있다.

이름
특징

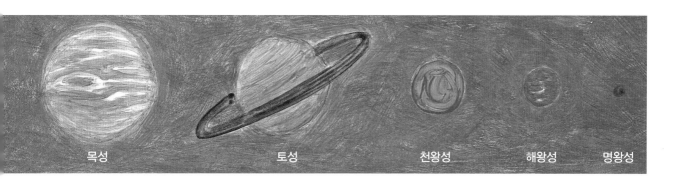

목성　　　　　　　　토성　　　　　　　　천왕성　　　　해왕성　　명왕성

이름
특징

이름　토성
특징　토성을 두르고 있는 아름다운 띠는 실제로는 먼지와 얼음 등으로 구성되어 있다.
　　　토성은 가스로 이루어진 행성으로, 큰 욕조가 있다면 물에 띄울 수 있을 정도로
　　　태양계의 행성 가운데 가장 가볍다고 한다.

이름　천왕성
특징　태양계의 행성들 중에서 3번째로 큰 천왕성은 지구의 약 4배 정도의 크기이다.
　　　토성처럼 고리를 가지고 있으며 현재까지 21개의 위성이 있는 것으로 알려졌다.

이름
특징

이름　명왕성
특징　명왕성은 크기도 작고 워낙 멀리 떨어져 있어서 태양계의 행성으로 인정하지
　　　않으려는 사람들이 많았다. 공전 궤도도 다른 태양계 행성들과 다르고 크기도
　　　지구의 위성인 달 크기밖에 되지 않기 때문이다. 결국 2006년 8월 24일
　　　국제천문연맹(IAU) 총회에서 명왕성을 태양계의 행성에서 제외시켰다.

 지구 쓰레기, 우주에 버려도 될까요?

지금은 2050년. 지구는 현재 포화 상태예요. 쓰레기를 버릴 곳이 없어서 여기저기
오염 물질이 가득하고, 인구는 너무 많아져서 사람들이 살 땅도 부족할 지경이죠.
건물은 하늘 높은 줄 모르고 계속 높아지는데 묘지는 또 왜 이리 많은지……
지구에 있는 쓰레기들을 모두 모아 큰 우주선을 만들어서 우주로
내보내면 좋겠어요.

참고

현재 지구 궤도에는 10cm 이상 크기의 우주 쓰레기
9,000개가 떠돌고 있다고 한다. 우주선에서 분리된 로켓, 수명이 다한 인공위성,
우주선에서 버려진 우주 용품 등의 우주 쓰레기는 앞으로 계속 늘어날 것이고 이를 치울
뾰족한 대책도 없는 상황이다. 지구 환경의 오염과 훼손이 재앙을 가져오듯이, 늘어나는
우주 쓰레기가 부메랑으로 돌아오지나 않을지 우려된다. 이 우주 쓰레기는 총알보다
10배 빠른 속도로 날아다녀 '가공할 흉기'로 변했다.
이 추세대로라면 2055년 즈음엔 최소 20년마다 잔해들 간의 큰 충돌이 있을 것으로
예측하고 있다. 문제는 해결책이 마땅치 않다는 데 있다.

우주에 뭐가 있는지도
잘 모르면서 무작정
내보낸다는 것은 위험해.
나중에 생각지 못한
문제가 생길지도 몰라.

성능이 좋은
우주선을 만들어서
태양계 밖으로
멀리 내보내면 괜찮아.
우주공간은 무한하니까.

내 생각은

외계인이 있다면 태양계 내에서 혹은 태양계 밖 어디에 살 수 있다고 생각하나요? 앞에서 찾은 정보원에서 그 근거를 조사하여 말해 보세요.

외계인은   에 살고 있을 것이다.

왜냐하면

                                                          (이)기 때문이다.

외계인에게 태양계에 대해 소개할 내용을 생각해 보세요.

삐삐삐…… 삐리삐리…… 삐리리 삐삐.
앗, 우주에서 이상한 신호음이 들려요. 외계 생명체가 보내는 전파인 것 같아요. 무엇 때문에 전파를 보내는 걸까? 우리를 만나고 싶어서? 외계인들이 살 만한 곳을 찾기 위해서? 아니면 지구에서 버린 우주 쓰레기 때문에?

종합

✏️ 이 장면을 상상해서 그려 보세요.   5.1   5.2

✏️ 외계인의 전파에 답을 하면서 태양계를 소개하는 글을 써 보세요.

다음엔 더 잘할 거예요

과제를 잘 수행했나요? 다음 질문에 1~10까지 점수를 매기고 이유도 써 보세요. 6.1 6.2

내 과제가 무엇인지 잘 알고 수행했나요?

왜 이 점수를 주었나요?

필요한 모든 정보원을 생각해 보았나요?

왜 이 점수를 주었나요?

과제를 해결하기 위해 내가 알아야 할 정보를 제대로 찾았나요?

왜 이 점수를 주었나요?

글을 쓸 때 꼭 필요한 내용을 넣어서 썼나요?

왜 이 점수를 주었나요?

내 글이 태양계에 대해 잘 설명해 주고 있다고 생각하나요?

왜 이 점수를 주었나요?

여러분, 다음 과제는 '나의 보물'을 찾는 거예요.

여러분의 보물은 무엇이에요? 궁금하군요!

톨스토이의 『사람은 무엇으로 사는가』라는 책을 읽어 오면 이 과제를 재미

있게 할 수 있을 거예요.

『사람은 무엇으로 사는가』
톨스토이 지음, 이경자 엮음, 임강천 그림,
바른사, 2004.

나의 보물

"너는 도대체 하라는 공부는 안 하고 왜 놀러만 다니니? 이래 가지고 나중에 뭐가
될래?" 엄마, 아빠에게 혼난 나는 문을 '쾅' 닫고 방에 들어와 버렸다.
'매일 잔소리만 하는 엄마, 아빠 차라리 없었으면 좋겠어.'
다음 날 아침, 잠에서 깨어 보니 엄마, 아빠는 안 보이고 대신 편지 한 장만이…….

엄마, 아빠가 필요없다니 내가 데려간다.
만약 부모님을 찾고 싶다면 마법의 문을 지나
나를 찾아오너라. 마법의 문을 통과하려면
사나운 용에게 너의 보물이 무엇인지 말해야 한다.

— 마법 대왕으로부터—

"엄마, 아빠를 구하지 않으면 안 돼!
어떡하지? 나의 보물을 말해야 한다고?
그게 뭘까?"

나의 보물

마법 대왕에게 잡혀간 부모님을 찾으러 가기 위해서는 마법의 문을 통과해야 한다.
그러려면 그 문을 지키고 있는 사나운 용에게 내가 생각하는 보물에
대해 설명해야 한다. 내가 생각하는 것이 보물이 될 수 있다고
용이 인정해야만 통과할 수 있다는데……
어떻게 하면 용의 마음을 움직일 수 있을까?

큰일이군요! 나 때문에 부모님이 마법 대왕에게 잡혀갔으니 내가 반드시 다시 모셔와야 하겠지요. 그러려면 내가 해야 할 일이 무엇인가요? 1.1

보물이란 무엇일까요? '보물' 하면 떠오르는 낱말들을 생각나는 대로 써 보세요. 1.2

보물은 어떤 것입니까?

예) 다이아몬드, 골동품, 용기, 휴대폰

보물은 어떠합니까?

예) 귀중하다, 비싸다.

○ 사전에는 '보물'이 어떻게 나와 있나요?

_____

_____

_____

'보물' 하면 떠오르는 낱말들 가운데 비슷하다고 생각되는 것들끼리 묶어 보고, 그 묶음의
제목도 각각 붙여 봅시다.

보석

다이아몬드, 진주, 목걸이

휴대폰, 컴퓨터, 애완견,
장난감

내게 있는 것

보물에 대해 더 알아볼 수 있는 정보원은 무엇일까요? 2.1

예) 인터넷, 부모님.

나는 다음 정보원에서 이 보물들을 찾았어요. 4.1

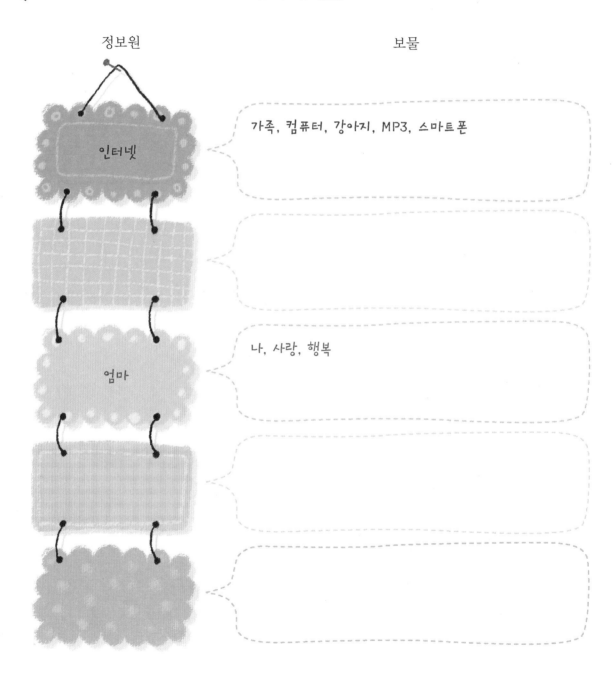

정보원

인터넷

엄마

보물

가족, 컴퓨터, 강아지, MP3, 스마트폰

나, 사랑, 행복

보물은 '무엇'이라고 말할 수 있을까요? ☐☐☐ 안에 들어갈 수 있는 말들을 생각해서 아래 표에 써 보세요.

보물은 ☐☐☐☐☐☐ 이다.
예) 책, 행복

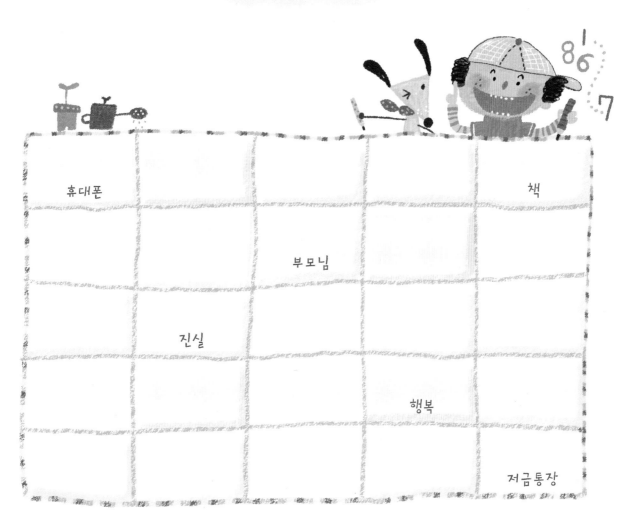

휴대폰				책
		부모님		
	진실			
			행복	
				저금통장

🔵 다 썼으면 친구나 부모님과 팀으로 나눠서 빙고 게임을 해 봅시다.

▶▷▶▷ 게임 방법
1. 보물이라고 생각하는 낱말을 적는다.
2. 돌아가면서 자기가 적은 낱말을 말하고 ×표를 한다.
3. 친구나 부모님이 말하는 낱말이 내 표에 있으면 ×표를 한다.
4. ×표가 대각선이나 직선으로 5개가 연결되면 빙고를 외친다.
5. 가장 빨리 빙고를 외친 사람이 승리!

 다음 신문 기사를 읽고 질문에 답해 봅시다. 4.1 4.2

XX일보　　　　　　　　　　　　　200X．00.00 X요일

제주도에 사는 77세의 장진종 할아버지는 100세가 넘은 거동이 불편한 어머님을 혼자서 모시면서 살고 있습니다. 초등학교 교사로 있다 정년 퇴임한 할아버지는 어머님 모시는 일을 즐겁게 하고 있습니다.

"어머님 식사를 챙겨 드려야 하기 때문에 내가 하루 세 끼를 잘 챙겨 먹게 돼요. 아마 이것 때문에 내가 지금까지 건강한 것 같아."

할아버지의 부인은 10년 전 교통사고로 돌아가셨고, 자녀들도 직장 생활 때문에 서울, 부산 등으로 나가있다고 합니다. 모르는 사람들은 할아버지의 다른 형제들은 무엇을 하고 있는 거냐고 묻기도 하지만 할아버지는 형제들의 도움이 있었기 때문에 이렇게 즐거운 생활이 가능했다며 연신 웃음을 짓습니다.

자신도 적지 않은 나이에 늙으신 어머님을 모시는 것이 힘들 만도 한데, 할아버지는 어머님이 살아계시는 것만으로도 감사하다고 합니다.

"부모님이 우리에게 주신 은혜를 기억하고 감사할 줄 알아야 사람인거야. 지식만 많이 쌓는다고 잘 사는 게 아냐. 먼저 사람다워져야지."

할아버지는 얼마 전 삼성 효행상을 받으셨습니다. 할아버지를 본받아 이런 사람이 더욱 많아졌으면 좋겠습니다.

▶ 장진종 할아버지가 생각하는 보물은 무엇일까요?

4.1 찾아낸 정보를 검토합니다(읽기, 보기, 듣기). 4.2 적절한 정보를 가려냅니다. 5.1 가려낸 정보를 정리합니다.

 함께 책을 읽어요

? 주제도서의 등장인물들이 소중하고 가치 있게 여기는 보물은 무엇일까요? 4.1 4.2

『사람은 무엇으로 사는가』

톨스토이 글, 이경자 엮음, 임강천 그림, 바른사, 2004.

제목	등장인물의 이름	그가 생각하는 보물	그는 왜 그것을 가장 중요하게 생각했을까요?
사람은 무엇으로 사는가	세몬	동정	죽을 수도 있는 사람을 살릴 수 있으니까
	마트료나		
	부자 신사		다른 사람에게 자신을 자랑하고 자기 힘을 보여줄 수 있다고 믿었으니까
	쌍둥이를 키워 준 아주머니		

✎ 힘들게 걸어서 드디어 마법의 문에 거의 다 왔어요. 멀리 사나운 용이 보이네요. 친구나 부모님이 마법의 문을 지키는 용이라고 생각하고 내 보물에 대해 말해 봅시다. 5.1

나의 보물은 무엇입니까?

나는 왜 그것이 보물이라고 생각합니까?

✎ 이제 마법의 문에 도착했어요. 나의 보물에 대해 설명하는 글을 써서 용의 마음을 움직여 보세요. (원고지 300자 내외) 4.1

다음엔 더 잘할 거예요

과제를 잘 수행했나요? 다음 질문에 1~10까지 점수를 매기고 이유도 써 보세요.

내 과제가 무엇인지 잘 알고 수행했나요?

왜 이 점수를 주었나요?

필요한 모든 정보원을 생각해 보았나요?

왜 이 점수를 주었나요?

과제를 해결하기 위해 내가 알아야 할 정보를 제대로 찾았나요?

왜 이 점수를 주었나요?

글을 쓸 때 꼭 필요한 내용을 넣어서 썼나요?

왜 이 점수를 주었나요?

내 글이 용의 마음을 움직였다고 생각하나요?

왜 이 점수를 주었나요?

해설 답안

잠깐!

해설 답안을 보기 전에 충분히 문제와 답을 생각해 보았나요?
어떤 문제들은 모범 답안을 제시하였고,
어떤 문제들은 여러분이 참고하도록 예를 적어 놓았어요.
그 예를 보고 여러분 나름대로 답을 써 보도록 하세요.

멋진 나를 보여 줄 거야!

과제 : 자기 소개서와 명함을 삐삐에게 보내서 뽑히면 삐삐와 세계 일주를 할 수 있습니다. 삐삐가 한눈에 찾을 수 있는 자기 소개서와 명함을 만들어야 합니다.

과제 해설 : 처음 만날 때 나누는 자기소개는 상대방에게 첫인상으로 남게 되므로 중요합니다. 자기를 소개하는 중요한 수단 가운데 명함과 자기 소개서가 있습니다. 자기 소개서를 쓰는 과정을 통해 우리는 자신에 대해 다시 한 번 돌아보고, 상대방에게 어떤 모습의 자신을 보여 주고 싶은지에 대해 생각할 수 있습니다.

학습 목표 : 1. 다른 사람들에게 알리고 싶은 나의 정보를 찾을 수 있다.
2. 자신의 특징이 잘 드러나는 자기 소개서를 쓸 수 있다.

〈20페이지〉

✎ 나는 삐삐와 함께 세계 일주를 하고 싶어요. 내가 해야 할 일은 무엇인가요?

• 자기 소개서와 명함을 만들어야 한다.

• 개성 만점의 자기 소개서와 명함을 만들어 삐삐에게 보내야 한다.

❓ 이 과제를 해결하려면 무엇을 알아야 하나요?

2. 명함

〈21페이지〉

🔍 명함의 모양을 알고 싶어요. 인터넷에서 명함의 모양을 알아봅시다.

◎ 명함에 대해 무엇을 알게 되었나요?

• 명함은 보통 직사각형 모양이다.

• 앞면에는 이름, 연락처, 주소, 이메일 주소 등이 적혀 있고, 뒷면에는 아무것도 없거나 회사 이름이 적혀 있다.

• 자기의 사진이 들어간 명함도 있고, 그렇지 않은 명함도 있다.

그 밖에 다른 다양한 답변을 해 보세요.

〈22페이지〉

뻬뻬에게 나를 소개해야 해요. 나의 어떤 점을 보여 줄까요? 나에 대해 생각나는 대로 생각 그물을 펼쳐 보세요.

도움말 : 다른 사람에게 자신을 소개하기 위해서는 우선 자신에 대해서 알아야 합니다. 생각 그물을 그리는 활동을 통해 자신에 대해 생각해 볼 수 있어요.

위에 쓴 내용 가운데 뻬뻬에게 알려 주고 싶은 것에 동그라미 해 보세요.

도움말 : 자신에 대한 모든 것을 자기 소개서에서 쓸 수 없습니다. 자신의 어떤 면을 소개할 것인지 정해서 동그라미 해 보세요.

〈24페이지〉

인디언들은 어떻게 사람들의 이름을 짓나요?

그 사람의 성격, 그 사물이 세상에서 차지하고 있는 위치 등을 기준으로 이름을 정한다.

친구들의 특징이 잘 드러나게 인디언식 이름을 지어 봅시다.

예) 이순미 | 잠자는 토끼 | 체구가 작고 귀여운 내 친구는 잠이 많다. 그래서 이름을 잠자는 토끼라고 지었다.

〈25페이지〉

찬수의 자기 소개서에는 어떤 내용들이 들어가 있나요?

이름, 별명, 학년, 반, 전에 살던 곳, 성격, 좋아하는 것, 특기와 취미, 장래 희망, 가족 소개.

〈26페이지〉

자기 소개서에 어떤 내용을 쓸 계획인가요? 생각 그물에서 모은 정보를 떠올리며 계획해 보세요.

이름, 학교, 내가 가장 아끼는 것, 미래 직업, 성격, 친구들, 학교생활, 장점과 단점, 존경하는 인물, 어렸을 때 기억나는 일, 내가 좋아하는 것과 싫어하는 것 등.

〈27페이지〉

뻬뻬에게 보여 줄 명함을 만들어 보세요.

도움말 : 이름, 학년, 반, 전화번호, 이메일 주소, 집 주소 등을 쓸 수 있습니다. 자기 얼굴을 그림으로 그려 넣을 수도, 사진을 붙일 수도 있습니다. 자신을 잘 알릴 수 있는 문장을 한두 개 쓰는 것도 좋겠지요.

〈책 먹는 여우〉 베스트셀러 만들기 작전

과제 : 할 수 있는 대로 많은 친구들에게 〈책 먹는 여우〉를 읽게 하고 싶어요. 학교 도서관 게시판에 붙일 〈책 먹는 여우〉의 책 광고문을 만들어야 합니다.

과제 해설 : 빅식스 출판사에서 〈책 먹는 여우〉를 널리 알리기 위해 책의 광고문을 만들어 학교 도서관 게시판에 붙이기로 했습니다. 우리는 〈책 먹는 여우〉의 책 광고문을 만들어야 합니다. 이 과정을 통해서 광고문의 구성을 이해하고 광고의 특징을 알게 됩니다.

학습 목표 : 1. 독서의 즐거움과 중요성을 알 수 있다.
2. 광고문 작성을 통해 짧고 설득력이 강한 글쓰기 능력을 기를 수 있다.
3. 광고 작성 활동을 통해 창의적인 표현력을 기를 수 있다.

〈32페이지〉

✎ 내가 해결할 과제는 무엇인가요? 한 문장으로 써 보세요.

학교 게시판에 붙일 〈책 먹는 여우〉의 책 광고문을 만들어야 한다.

💡 과제를 해결하기 위해 우리가 알아야 할 것을 모두 써 보세요.

• 광고문을 작성하는 방법을 알아야 한다.
• 〈책 먹는 여우〉의 내용을 알아야 한다.

그 밖에 가능한 답변들

• 광고에 대해 알아야 한다.
• 광고문을 만드는 이유를 알아야 한다.
• 광고문은 어떻게 이루어지는지 알아야 한다.
• 책 광고문에는 보통 어떤 내용이 들어가는지 알아야 한다.

✎ 베스트셀러(best seller)란 무슨 뜻일까요? 국어사전에서 찾아 써 보세요.

어떤 기간 동안 가장 많이 팔린 책 등의 물건.

〈33페이지〉

우리는 광고문을 만들어야 해요. 광고에 대한 정보를 어디에서 찾아야 할까요?

여기에서 찾을 거야

도움말 : 이용하기 쉬운가? 이해하기 쉬운가? 믿을 만한가? 유용한 정보가 많은가? 등의 기
준으로 정보원을 선택하도록 합니다.

내가 고른 정보원에서 정보를 찾으려면 어떻게 해야 하지?

- 신문 : 신문에 실린 광고를 살펴본다.
- 사전 : 사전에서 가나다순으로 찾아 '광고'라고 나와 있는 부분을 본다.
- 인터넷 : '광고' 또는 '광고란'이라고 검색어를 넣어 검색한다.

광고란?

도움말 : 국어사전이나 백과사전, 어린이 사회사전에서 찾아볼 수 있습니다.

표준국어대사전

1. 세상에 널리 알림. 또는 알리는 일.
2. 상품이나 서비스에 대한 정보를 여러 가지 매체를 통하여 소비자에게 널리 알리는 의도적
   인 활동.

어린이 사회사전

기업이나 개인, 단체 등의 광고주가 상품이나 서비스, 이념, 정책 등을 사람들에게 알리기 위
해 돈을 들여 여러 매체를 활용하는 모든 정보활동을 말한다.

광고는 왜 할까?

도움말 : 인터넷에서는 '광고를 하는 이유' '광고는 왜 할까'로 검색을 합니다. 인터넷이나 책
을 이용하지 않고 광고를 하는 이유에 대해 서로 이야기를 해서 정보를 얻을 수도
있습니다.

어린이 사회사전

광고를 통해 기업은 자신이 만든 상품이나 서비스를 널리 알려 판매를 늘리고, 소비자는 많은
상품정보와 생활정보를 얻어 상품 선택의 범위를 넓힐 수 있다.

〈35페이지〉

좋은 광고문과 좋지 않은 광고문을 뽑고 그 이유를 써 보세요.

좋은 광고문

2번   • 어렵지 않은 말로 책 소개를 해 주고 있다.
      • 책의 특징이 드러나 있다.

좋지 않은 광고문

4번 • 과장된 표현이 나온다(식물 박사라는 표현).

   • 다른 회사의 제품을 무조건 나쁘다고 모함하는 내용이 들어 있다.

▶ 잘 만들어진 책 광고의 조건은 무엇일까요?

  • 책의 특징이 광고 속에 잘 나타나야 한다.

  • 거짓된 정보나 과장된 표현은 피한다.

  • 쉬운 말로 쓰되 창의적으로 표현한다.

  • 그림이나 사진이 들어가면 더 좋다.

  • 지은이, 출판사 등 최소한의 책 정보를 알려 준다.

  그 밖에 여러 정보원에서 다른 다양한 답변을 해 보세요.

〈36페이지〉

? 책 광고를 만들기 위해서는 책에 대해서 잘 알아야겠죠. 이 책의 주인공인 여우 아저씨와 나는 어떤 점이 비슷하고 어떤 점이 다른가요?

좋은 책을 고르는 방법 _ 나

예) 작가와 출판사를 본다.

좋은 책을 찾았을 때 하는 행동 _ 여우 아저씨

침을 바른다.

좋은 책을 찾았을 때 하는 행동 _ 나

예) 마음속으로 만세를 부르고 그 자리에서 바로 읽어 본다.

책 읽을 때(먹을 때) 필요한 것 _ 여우 아저씨

후추와 소금.

책 읽을 때(먹을 때) 필요한 것 _ 나

예) • 아무것도 필요 없다.

   • 푹신한 쿠션.

책의 쓰임 _ 나

예) 졸린데 베개가 없을 때 베개 대용으로 사용한다.

가장 좋아하는 곳 _ 나

예) • pc방

   • 놀이공원

〈37페이지〉

🖋 책 내용을 간단히 소개해 보세요.

무지무지 책을 사랑하는 여우 아저씨. 그는 도서관에서 맘에 드는 책을 골라 후추와 소금을 적당히 쳐서 먹는다. 하지만 도서관에서 쫓겨나 급기야 서점 강도짓까지 하다가 여우는 감옥으로 간다. 가장 끔찍한 '독서 금지' 처벌을 받은 여우는 자신이 직접 책을 쓰기 시작하고, 교도관의 권유로 여우는 세계 최고의 베스트셀러 작가가 된다. '책은 인생의 벗'이며 '자신의 방법으로 책을 소화하라'는 메시지를 우화로 풀어낸 유쾌한 책이다.

(한겨레신문에 나온 책 소개)

🖋 다른 사람에게 이 책을 권한다면 어떤 이유를 들며 권할까요?

• 책을 맛있게 먹는 여우 아저씨가 너무나 재미있다.
• 책 읽기를 싫어하는 친구들이 책을 좋아하게 될 책이다.
• 책의 다양한 용도를 알 수 있다
• 그림이 재미있다.
• 책을 먹는다는 생각이 재미있다.

그 밖에 다른 다양한 답변을 해 보세요.

〈38페이지〉

 여우 아저씨는 도서관에서 책을 훔친 것이 들통 나서 감옥에 갇혔습니다. 그런데 감옥 안에서 쓴 책이 유명해지면서 여우 아저씨는 일찍 풀려나게 됩니다. 이 일에 대해서 어떻게 생각하나요?

내 생각은

'여우 아저씨가 일찍 풀려난 것은 정당하지 않다'는 입장의 근거

• 다른 사람들과의 형평성에 맞지 않다.
• 도둑질은 도둑질이다.
• '바늘 도둑이 소 도둑 된다'는 속담처럼 작은 죄일지라도 거기에 따른 대가를 치러야 한다.

그 밖에 다른 다양한 답변을 해 보세요.

'여우 아저씨가 일찍 풀려난 것은 정당하다'는 입장의 근거

• '책 도둑은 도둑이 아니다'라는 말처럼 책을 훔친 대가로는 처벌이 너무 지나치다.
• 여우 아저씨의 책이 많은 사람들에게 감동을 주었으므로 형량을 줄여 줄 수 있다.
• 죄수들 중에서도 모범적으로 생활하면 일찍 풀어준다. 그러므로 여우 아저씨도 일찍 풀려날 수 있다.

그 밖에 다른 다양한 답변을 해 보세요.

〈39페이지〉

💡 '책 먹는 여우' 광고문을 어떻게 만들지 계획해 봅시다.

광고를 누가 가장 많이 봤으면 좋겠어요? _ 구체적인 내용

학생 (학교 게시판에 붙일 것이므로 학생들이 대상임).

바디카피(본문) _ 구체적인 내용

예) '세상에서 난 제일 책이 좋아!'라고 생각해 본 적 있나요? 세상에서 책을 제일 좋아하고
　　맛있게 먹는 별난 여우씨 이야기!

예) 책 읽을 때 소금과 후추는 필수! 왜냐고요? 궁금한 사람은 책을 보세요~!

그 밖에 다른 다양한 답변을 해 보세요.

책에 대한 정보 가운데 광고문에 어떤 것을 넣을까요? _ 구체적인 내용

이 책의 특징, 책의 제목, 출판사, 글쓴이 등.

광고문에 넣고 싶은 그림은 무엇인가요? _ 구체적인 내용

여우 아저씨가 책에 후추를 치면서 먹는 모습 등.

도움말 : 책을 소개하는데 제일 적합하다고 생각하는 그림을 선택해야 하겠지요.

개성아! 돌아와!

과제 : 사람들이 자기를 필요로 하지 않는다고 생각한 개성이 가출했습니다. 개성이 다시 돌아오도록 설득하는 글을 써야 합니다.

과제 해설 : 개성이라는 추상적인 개념을 구체적으로 느낄 수 있도록 사람으로 표현했습니다. 개성을 찾는 과정 속에서 개성이 사라진 이유, 개성이 사라졌을 때의 문제점, 개성이 필요한 이유를 스스로 생각해 보게 될 것입니다. 또한 과제를 해결하는 과정 속에서 자신의 개성을 생각할 수도 있습니다.

학습 목표 : 1. 개성이 필요한 이유를 알 수 있다.
　　　　　　2. 개성과 유행, 기호 등을 구분하고, 참된 개성에 대해 생각할 수 있다.
　　　　　　3. 개성이 필요한 이유가 잘 드러나는 주장하는 글을 쓸 수 있다.

〈44페이지〉

🔍 나는 박문수 탐정 사무소의 탐정 조수입니다. 내가 해야 할 일은 무엇인가요?

신문에 실을 '개성에게 돌아오라고 설득하는 글'을 쓰는 것.

❓ 나는 무엇을 알아야 할까요?

개성이란, 개성이 필요한 이유, 설득하는 글을 쓰는 방법.

✎ 개성에 대한 단서를 하나하나 찾아가던 중 개성에 관한 기록이 국어사전에 있다는 제보가 들어왔습니다. 어서 찾아봐야겠어요.

개성(個性)은 사람마다 지닌 남과 다른 특성. 개인성.

〈45페이지〉

◐ 개성이 사라진 후 생긴 변화는 무엇인가요?

모두 다 모습과 행동이 똑같았다.

◑ 모든 사람이 다 똑같다면 어떨까요?

좋은 점은 예) 의견이 같으므로 결정을 빨리할 수 있을 것이다.
나쁜 점은 예) 모두 다 똑같아서 재미없고 지루할 것이다.
도움말 : 복제인간을 생각해 볼 수도 있습니다. 자유롭게 생각해 보세요.

◐ 개성은 왜 사라진 것일까요? 빈 칸에 들어갈 말을 추측해서 써 보세요.

유행을 따라해서, 서로 보고 듣는 게 비슷해져서, 아이들이 연예인을 따라해서 등.
도움말: 자유롭게 상상해서 쓰면 됩니다.

〈46~47페이지〉

✎ 개성을 봤다는 제보 전화가 여러 통 걸려 왔습니다. 과연 진짜 개성일까요? 해당되는 말에 동그라미 하고 이유를 써 보세요.

첫 번째 _ (개성이 아니다)

왜냐하면 개성은 남들과 무조건 다르게 하는 것이 아니기 때문이다. 일부러 물구나무서서 걷는 행동은 이상한 행동일 뿐이다.

두 번째 _ (개성이다)

왜냐하면 다른 사람과 다른 수철이의 특징이기 때문이다. 모든 사람이 상대방의 말을 잘 들어 주는 것은 아니다.

세 번째 _ (개성이다.)

왜냐하면 개성은 자신만의 특징이므로 남들을 그대로 따르는 것은 개성이 아니기 때문이다. 자신에게 어울리는 것을 하는 게 개성이다.

네 번째 _ (개성이 아니다.)

왜냐하면 유행을 좇는 것은 결국 남과 똑같아지는 것이기 때문이다. 유행을 따르면서 개성을 찾기란 어려운 일이다.

〈48페이지〉

💡 개성의 흔적을 찾아가던 중 드디어 개성이 남긴 쪽지에서 개성을 찾을 수 있는 힌트를 찾아냈어요. 쪽지 속의 힌트가 무엇인지 여러분도 찾아보세요.

너희들이 자신의 개성을 찾으면 돌아올 수도 있어.

🔍 나와 친구들은 어떤 개성이 있을까요? 먼저 친구의 개성을 찾아보세요.

도움말 : 자신과 친구의 개성에 대해 1분 정도 먼저 생각해 보세요.

떠오르는 낱말

예) 명랑, 쾌활

도움말 : 의성어나 의태어로도 표현해 볼 수 있습니다.

그 낱말을 넣어 친구를 나타낸다면

예) 덜렁거리지만 명랑하고 쾌활해서 주위 사람을 즐겁게 하는 ○○

〈49페이지〉

🔍 친구와 함께 나의 개성도 찾아보세요.

도움말 : 이유도 생각해 보세요.

✏️ 친구들과 나는 서로 개성이 달라요. 서로 다른 개성을 가지고 있을 때 좋은 점은 무엇일까요?

서로의 부족한 부분을 보완해 줄 수 있다. 예를 들어 나는 즉흥적으로 아이디어를 잘 내는데 친구는 즉흥적이지 않고 매사에 신중하다. 나는 새로운 의견을 내고 친구는 그 의견이 타당한지 검토해 줄 수 있다. 이런 식으로 서로 보완해 줄 수 있다 등.

〈50페이지〉

🔍 이번에는 다른 곳에서 개성 있는 삶을 사는(살았던) 사람들을 찾아보기로 했어요. 직접 만나 보지는 못했지만

세상에 알려진 사람들 가운데 개성 있는 사람을 어디에서 찾을 수 있을까요?

위인전, 인터넷, 인명사전, 신문이나 잡지(인터뷰 기사) 등.

자신이 찾은 사람의 개성을 정리해 보세요.

이름 예) 세종대왕

내가 생각한 개성 많은 학자들의 반대에도 한글을 만들었는데 추진력과 결단력이 강하다고 볼 수 있다.

이름 예) 에디슨

내가 생각한 개성 호기심이 매우 많고 엉뚱하다. 창의적인 생각을 잘한다.

〈51페이지〉

내 개성을 찾았으니까 개성에게 돌아오라고 설득하는 편지글을 신문에 실을 거예요. 다음의 내용을 넣어 개성이 꼭 돌아오도록 글을 써 주세요.

도움말 : 이 밖에도 개성이 사라진 후 생긴 일, 내가 생각하는 개성이 사라진 이유 등을 넣어 쓸 수 있습니다.

토끼와 심청이가 만났을 때

과제 : 심청이가 토끼전 이야기 속으로 들어와 일어나는 일을 상상하여 줄거리를 만든 후에 극본으로 써 보는 과제입니다.

과제 해설 : 아이들이 이미 알고 있는 두 이야기를 하나의 이야기로 엮어 극본을 쓰도록 하였습니다. 각각의 인물의 성격을 반영해 새로운 이야기를 만드는 재미와 창의적으로 생각하는 힘을 기를 수 있습니다.

학습 목표 : 1. 새로운 인물을 넣어 토끼전을 새롭게 쓸 수 있다.
2. 등장인물의 성격을 알 수 있다.
3. 극본의 특징을 이해하고 극본을 쓸 수 있다.

✏️ 나는 연극 공연을 위해 무엇을 해야 하나요?

토끼전에 심청이를 등장시켜 극본을 써야 한다.

❓ 과제를 해결하기 위해 무엇을 알아야 할까요?

극본의 뜻, 형식, 토끼전의 내용, 등장인물의 성격 등.

✏️ 심청이와 토끼전에 나오는 인물들의 성격은 어떠한가요?

용왕 _ 성격

• 욕심이 많고 이기적이다.

• 토끼의 말을 성급하게 믿는 모습을 볼 때 왕치고는 어리석다.

자라 _ 성격

• 용왕에게 충직한 신하이다.

• 소심하고 겁이 많다.

토끼 _ 성격

• 허황한 욕심을 가지고 있지만, 위기에 처하면 재치 있고 영리하다.

• 언변(말재주)이 뛰어나다.

심청 _ 성격

• 효심이 깊다.

• 희생정신이 강하다.

• 공양미 300석과 자신의 목숨을 바꿀 정도로 순진하고 사람을 잘 믿는다.

〈58페이지〉

💡 극본의 3요소에 대해 더 알고 싶어요. 어떤 정보원을 이용하면 좋을까요? 현재 이용할 수 있고, 내가 이해하기 쉬운 정보원으로 정해 보세요.

국어사전, 백과사전, 인터넷 등.

🚩 내가 정한 정보원에서 필요한 정보를 찾아 정리해 보세요.

③ **방백** : 관객들에게는 들리나 상대 배우에게는 들리지 않는 것으로 약속하고 진행하는 대사.

〈59페이지〉

✎ 보기와 같이 토끼전의 글을 극본으로 고치는 연습을 해 봅시다.

도움말 : 위의 내용을 단순한 대화체로 옮겨 적는 것보다는 인물의 성격이 드러나는 문장으로
　　　　　쓰도록 합니다.

〈극본〉

토끼 : (눈을 동그랗게 뜨고 똑바로 쳐다보며) 제 밑구멍에(손가락을 아래로 가리키며) 간 나오
　　　　는 구멍이 따로 있습지요. 배에 힘만 '뿍' 하고 주면 간이 '쑤우욱' 미끄러지듯이
　　　　나오죠. 그리고 다시 입으로 삼키면 쏙 들어가옵니다.

용왕 : 간이 나오는 구멍이라고? 그게 어디에 있느냐?

토끼 : (오른쪽 엉덩이를 옆으로 살짝 빼고 손으로 톡톡 두들기며) 여기 볼기짝에 있는
　　　　구멍으로 똥 누고 오줌 누듯이 간도 누지요.

용왕 : 여봐라, 포졸은 어서 간이 나오는 구멍이 있는지 살피도록 하라.

포졸 : (토끼의 엉덩이를 들어 올려 요리조리 살피고 만져 본다.) 네, 여기 구멍이 있습
　　　　니다. 용왕님, 분명 동그란 구멍이 있습니다요.

〈보통글을 극본으로 고치는 방법〉

① 등장인물은 따로 분리시켜 쓴다.

② 인물의 동작, 표정은 (　)속의 지문(바탕글)으로 나타낸다.

③ 말하는 상대는 대화글에서 부르는 말(호격, 예 : 지은아)로 처리한다.

④ 묻는 말은 의문문으로 처리한다.

〈60페이지〉

🚩 토끼가 자신의 간을 빼놓고 왔다는 말로 용왕을 설득한 과정을 정리해 봅시다.

토끼 첫 번째

제 뱃속에 있는 간은 달빛 같고, 밀물과 썰물 같아서 보름 전에는 뱃속에 두고 보름 후에는 배
바깥에 둡니다. 지금 제 간은 파초 잎에 고이고이 싸서 낭야산 최고봉 노송 가지에 매달아 두
고 왔사옵니다. (주제도서 101~102쪽)

토끼 두 번째

제 밑구멍에 간 나오는 구멍이 있어 배에다가 힘만 꽉 주면 그 구멍으로 간이 쏘옥 나옵니다.
또 입으로 꿀꺽 삼키면 다시 들어가옵니다. 제 볼기짝을 살펴보면 구멍이 세 개 있습니다. 하
나는 똥 누고, 또 하나는 오줌 누고, 나머지 하나는 간을 누는 데 사용합니다. 제가 육지로 나

가면 제 간뿐 아니라, 함께 걸려 있는 다른 간도 가져올 수 있지요. (주제도서 103쪽)

토끼 세 번째

만약 나를 죽여서 간이 없으면 어떤 토끼를 다시 만나서 간을 얻겠느냐? 내가 수궁에 가서 벼슬을 한다고 너를 따라나섰다는 걸 모르는 산짐승이 없는데 나는 죽어서 나가지 못하고 너 혼자 산속으로 돌아간다면 산속 짐승들이 어떤 생각을 하겠느냐? 날 데려가 어디에 두고 홀로 왔느냐고, 누구를 속이러 또 왔느냐고 따져 묻지 않겠는가? (주제도서 108쪽)

〈62페이지〉

▶ 각 인물의 특징을 넣어 이야기의 제목을 다시 지어 봅시다.

사자 예) 여우같은, 혹은 배고픈 등.

여우 예) 헛똑똑이, 혹은 친구에게 속은 등.

사슴 예) 귀 얇은, 혹은 왕이 되고 싶은 등.

▶ 이솝이야기와 토끼전의 인물들을 비교해 보세요.

이솝이야기의 '사슴'과 토끼전의 '토끼' _ 다른 점

예) • 사슴은 여우의 거짓말에 두 번이나 속을 정도로 어리석다.

　　 • 토끼는 재치를 발휘하여 위기 상황에서 벗어났다.

이솝이야기의 '사자'와 토끼전의 '용왕' _ 비슷한 점

예) 이기적이다.

 사자의 죄일까? 여우의 죄일까?

여러분이 재판장이라면 사슴을 잡아먹은 사자에게 더 큰 벌을 내릴까요, 거짓말로 사슴을 꾀어 낸 여우에게 더 큰 벌을 내릴까요?

도움말 : 사자가 여우를 잡아먹은 사건까지 이야기를 확대하면 안 됩니다. 사슴을 잡아먹은 　　　　　사건에 대해서만 토론하도록 합니다.

'사자에게 더 큰 벌을 내려야 한다.'에 대해 나올 수 있는 근거

'여우가 사슴을 꾀어온 것은 친구를 위한 순수한 마음이었고 다른 욕심이 없었다. 사자는 자신만을 생각해서 사슴을 먹은 것이니 사자에게 죄가 있다.' 등.

'여우에게 더 큰 벌을 내려야 한다.'에 대해 나올 수 있는 근거

'여우가 없었다면 사자는 사슴을 먹을 수 없었을 것이다. 여우가 사슴에게 거짓말을 하여 꾀어 왔으니 사슴을 죽인 데 결정적 역할을 했으므로 여우에게 죄가 있다.' 등.

〈63페이지〉

토끼전의 등장인물이 심청이를 어떻게 생각하는지 정해 봅시다.

용왕 예) 효심이 지극한 아이니까 진실을 말해 주겠구나 등.

자라 예) 토끼와 한편일지도 몰라 등.

외계인에게 편지를......

과제 : 어딘가에 있을지 모르는 외계 생명체들에게 우리를 찾아올 수 있도록 태양계의 행성이 무엇인지 찾아보고 태양계를 소개하는 글을 써야 합니다.

과제 해설 : 우리가 살고 있는 지구에 대해 알아보고자 할 때 먼저 지구가 어디에 속해 있는지 생각해 볼 필요가 있습니다. 지구가 속해 있는 태양계 행성들의 특징을 알아보고 외계의 생명체에게 태양계를 소개하는 글을 써 봅니다.

학습 목표 : 1. 태양계에 있는 천체에는 무엇이 있는지 알 수 있다.

2. 태양계의 각 천체가 어떤 모양이고 어떤 특징이 있는지 안다.

3. 지구가 속해 있는 태양계가 무한한 우주의 작은 한 부분에 불과함을 안다.

〈68페이지〉

내가 해야 할 과제는 무엇입니까?

외계 생명체에게 태양계의 특징을 알려 주는 소개글 쓰기

과제를 해결하기 위해 내가 알아야 한다고 생각하는 낱말에 동그라미 해 보세요.

토성, 지구, 목성, 해왕성, 태양, 화성, 금성, 수성, 천왕성, 명왕성, 외계 생명체.

〈69페이지〉

과제를 해결하려면 아래 단어들에 대해서 알아야 해요.

외계 생명체, 태양계, 행성, 항성 등.

🔍 내가 알고 싶은 정보는 어디에서 찾을 수 있을까요? 찾을 수 있는 곳을 모두 써 보세요.

주제도서, 인터넷, 다른 도서, 다큐멘터리, CD롬, 백과사전, 천문학자, 영화, 교과서, 신문 등.

▶ 가장 접근하기 쉬운 정보원은 무엇입니까?

인터넷

▶ 가장 믿을 만한 정보원은 무엇입니까?

전문가, 백과사전, 주제도서

▶ 가장 최근의 정보원은 무엇입니까?

신문

❓ 내가 선택한 정보원은 무엇이고, 선택한 이유는?

예) 주제도서, 백과사전
가장 믿을 만한 정보원이기 때문에

〈70페이지〉

✏ 위의 정보원에서 아래 단어들을 찾아보세요.

태양계 : 예) 두산백과사전 | 태양과 태양의 중력에 의해 태양 주변을 돌고 있는 지구를 비롯한
행성, 왜소행성, 혜성, 유성체 등의 천체로 이루어진 계(系).

행성 : 예) 어린이 백과 | 태양 주위를 공전하며 스스로 빛을 내지 않는 천체.

🚀 우주상식 OX퀴즈

1. 북극성은 태양계의 행성 중 하나이다.   X
3. 수성에는 물이 많다.   X
4. 달은 태양계의 행성이 아니다.   O
6. 세계 최초로 달에 착륙한 우주선은 아폴로 11호이다.   O
7. 1광년은 빛의 속도로 1년 동안 가는 거리이다.   O

〈71페이지〉

▶ 태양계 행성을 모두 써 보세요.

수성, 금성, 지구, 화성, 목성, 토성, 천왕성, 해왕성.

▶ 태양계의 행성들을 둘로 나눈다면 무엇과 무엇으로 나눌 수 있을까요?

지구형 행성과 목성형 행성.

〈72~73페이지〉

 다음 표에 각 천체의 이름과 특징을 써 보세요.

이름 수성

특징 수성은 태양계 행성들 중에서 가장 작을 뿐 아니라 태양과 가장 가까이 위치해 있다. 표면은 달처럼 울퉁불퉁하고, 미약하게나마 질소로 이루어진 대기가 있다. 표면온도가 −170℃~450℃로 생명체가 살기에는 적당하지 않다.

이름 화성

특징 화성 표면에는 거대한 화산이 많이 있다. 표면에는 홍수에 의해 만들어진 것으로 보이는 골짜기가 많이 발견되었다. 오래 전에 홍수를 일으킬 만큼 많은 물이 흐르고 있었던 것으로 보인다. 데이모스와 포보스라는 두 개의 위성이 화성 주위를 돌고 있으며, 극지방에는 약간의 물을 포함한 드라이아이스 형태의 만년설이 덮고 있다. 화성 표면은 풍부한 산화철 때문에 붉게 보인다.

이름 목성

특징 목성은 태양계의 행성 가운데 가장 큰 행성이다. 하지만 핵을 제외하고는 태양처럼 가스로 이루어져 있어 표면을 보면 끊임없이 폭풍우가 일어나고 있는 것을 볼 수 있다. 위성이 120개나 되는데 그중 가니메데, 칼리스토, 유로파, 이오는 가장 큰 위성으로 갈릴레이가 발견했다고 한다.

이름 해왕성

특징 해왕성은 태양으로부터 멀리 떨어져 있기 때문에 매우 추운 곳이다. 대기는 메탄으로 가득차서 푸른빛을 띄고 있다. 8개의 위성을 가지고 있으며 목성이나 토성처럼 커다란 점이 보인다.

〈74페이지〉

지구 쓰레기, 우주에 버려도 될까요?

내 생각은

반대하는 입장

예) 아무 생각 없이 우주에 버리는 쓰레기는 나중에 우주 탐사를 하는 우리들에게 치명적인 암초가 될 수 있다. 근시안적인 태도로 해결할 것이 아니라 미래를 위해 좀 더 신중하게 처신해야 한다 등.

찬성하는 입장

예) 몇 십 억 광년을 가도 우주는 끝이 없이 넓다. 물 100L에 우유 한 방울 떨어뜨려 봐야 티도 안 나듯이 우주 멀리 쓰레기를 버리는 것은 괜찮을 것 같다 등.

〈75페이지〉

외계인이 있다면 태양계 내에서 혹은 태양계 밖 어디에 살 수 있다고 생각하나요? 앞에서 찾은 정보원에서 그 근거를 조사하여 말해 보세요.

외계인은 예) 화성 에 살고 있을 것이다.

왜냐하면 물을 포함하고 있는 만년설이 있어서 생명체가 살 가능성이 있(이)기 때문이다.

나의 보물

과제 : 마법의 문을 지키고 있는 사나운 용에게 용이 인정할 만한 나의 보물을 말해야 합니다.

과제 해설 : 마법 대왕에게 잡혀간 부모님을 찾기 위해서 마법의 문을 지키고 있는 용에게 용이 인정할 수 있는 나의 보물을 설명해야 합니다. 이 과정에서 보물에 대한 개념을 정리하며 자신에게 가치 있는 것이 무엇인지를 생각해 보게 됩니다.

학습 목표 : 1. 가치 있는 것에 대해 자신의 생각을 정리해서 말할 수 있다.
　　　　　　　 2. 다양한 것들을 비교, 대조하여 자신의 기준으로 분류하고 개념화할 수 있다.
　　　　　　　 3. 자신의 생각을 다른 사람에게 효과적으로 설명할 수 있다.

〈80페이지〉

큰일이군요! 나때문에 부모님이 마법 대왕에게 잡혀갔으니 내가 반드시 다시 모셔와야 하겠지요. 그러려면 내가 해야 할 일이 무엇인가요?

마법의 문을 지키고 있는 용에게 용이 인정할 수 있는 나의 보물을 설명해야 한다.

보물이란 무엇일까요? '보물' 하면 떠오르는 낱말들을 생각나는 대로 써 보세요.

보물은 어떤 것입니까?

예) 진주, 황금, 자전거, 친구, 금목걸이, MP3, 게임기, 행복, 장난감, 애완견 등.

보물은 어떠합니까?

예) 귀하다, 좋다, 소중하다, 오래됐다 등.

〈81페이지〉

사전에는 '보물'이 어떻게 나와 있나요?

보배로운 물건, 썩 드물고 귀한 물건.

〈82페이지〉

보물에 대해 더 알아볼 수 있는 정보원은 무엇일까요?

백과사전, 인터넷, 부모님, 신문 등.

〈83페이지〉

보물은 '무엇'이라고 말할 수 있을까요?　　　　안에 들어갈 수 있는 말들을 생각해서 아래 표에 써 보세요.

보물은 예) 장난감, 책, 휴대폰 등이다.

〈84페이지〉

장진종 할아버지가 생각하는 보물은 무엇일까요?

예) 장진종 할아버지의 보물은 어머니라고 생각한다. 왜냐하면 어머니를 모시는 것을
　　감사하게 생각하고, 또 어머니를 모시게 되어 몸과 마음이 계속 건강하기 때문이다.

〈85페이지〉

주제도서의 등장인물들이 소중하고 가치 있게 여기는 보물은 무엇일까요?

마트로나 : 하나님 | 하나님이 자신의 모든 것을 보고 돌봐주신다고 생각해서.

부자신사 : 부(富), 돈.

쌍둥이를 키워 준 아주머니 : 쌍둥이 소녀 | 아주머니에게 기쁨과 힘을 주니까.

빅식스 창의적 문제해결 학습법

1판 1쇄 인쇄 2012년 10월 05일
1판 1쇄 발행 2012년 10월 15일

저자 빅식스 연구소

펴낸곳 (주)중앙출판사
주소 경기도 파주시 문발동 526-8 1층
펴낸이 이상호
편집책임 조지훈   **편집** 김유나   **디자인** 김영욱
마케팅 이홍철 김경연

등록 제406-2012-000034호(2011.7.12.)
구입 문의 031-955-5887   **편집 문의** 031-955-5888
팩스 031-955-5889
홈페이지 www.bookscent.co.kr
이메일 master@bookscent.co.kr

ISBN 978-89-97357-15-4 63700